Plongée sous-marine

Plongée
sous-marine

Jack Jackson

97-B, Montée des Bouleaux
Saint-Constant, Qc, J5A 1A9
Tél.: 450 638-3338 Téléc.: 450 638-4338
www.broquet.qc.ca / info@broquet.qc.ca

Catalogage avant publication de Bibliothèque
et Archives Canada

Jackson, Jack, 1938-

Plongée sous-marine

(Sport aventure)
Traduction de : Scuba diving.
Comprend un index.

ISBN 978-2-89000-842-7

1. Plongée en scaphandre autonome. I. Titre. II. Collection.

GV838.672.J3314 2007   797.2'3   C2006-942099-8

POUR L'AIDE À LA RÉALISATION DE SON PROGRAMME ÉDITORIAL, L'ÉDITEUR REMERCIE :
Le Gouvernement du Canada par l'entremise du Programme d'Aide au Développement
 de l'Industrie de l'Édition (PADIÉ) ; La Société de Développement des Entreprises
 Culturelles (SODEC) ; L'Association pour l'Exportation du Livre Canadien (AELC).
Le Gouvernement du Québec - Programme de crédit d'impôt pour l'édition de livres
 Gestion SODEC.

Titre original : Scuba diving
© 2000 New Holland Publishers (UK) Ltd
© 2000 Jack Jackson pour le texte
© 2000 New Holland Publishers (UK) Ltd pour les dessins
© 2000 Struik Image Library (SIL) pour les photographies ;
 à l'exception des photographes et/ou de leurs agents mentionnés page 96.

Suivi éditorial pour l'édition française : Muriel Bresson
Consultant : Patrick Louisy
Traduction et adaptation : Ghislaine Tamisier-Roux
PAO : Isabelle Véret

Pour le Québec : Tous droits réservés © Broquet Inc., Ottawa 2007
Dépôts légal - Bibliothèque nationale du Québec
1er trimestre 2007

ISBN 978-2-89000-842-7

Avertissement

Aucun livre ne saurait remplacer la pratique. Nous vous recommandons donc d'utiliser cet ouvrage en complément d'une formation assurée par un club de plongée reconnu.

L'auteur et l'éditeur ont fait leur possible pour s'assurer que les informations figurant dans ce livre soient à jour au moment de la mise sous presse. Ils ne sauraient être tenus pour responsables d'aucun accident ou incident dont un lecteur ou un utilisateur de cet ouvrage pourrait être victime.

Sommaire

Le b.a.-ba la plongée

La plupart de ceux qui mettent la tête sous l'eau, pour la première fois équipés d'un masque et d'un tuba, sont ébahis de la profusion et de la variété de poissons et d'invertébrés qui vivent dans les eaux aussi bien tropicales que tempérées. Pratiquer la plongée sous-marine revient en quelque sorte à visiter un aquarium et à s'aventurer derrière les parois de verre avec les animaux. Rares seront ceux qui fuiront à votre approche, et certains seront même suffisamment curieux pour venir vous inspecter de près.

Les dix premiers mètres de profondeur sont particulièrement colorés. Plus bas, certaines couleurs du spectre sont absorbées, mais il est possible de les restituer en utilisant une torche électrique étanche.

Lorsque vous êtes à proximité d'un récif, le monde sous-marin est loin d'être silencieux. Si vous restez immobile et écoutez, vous serez étonné du bruit que font les animaux en train de manger ou d'essayer d'effrayer les autres. Si vous avez la chance de pouvoir approcher des baleines ou des dauphins, non seulement vous entendrez leurs cris, sifflements et grognements, mais vous en percevrez aussi les vibrations.

Avec le matériel de plongée moderne, l'univers de la vie sous-marine est pratiquement à la portée de tous.

Un des plaisirs de la plongée sous-marine reste bien sûr la découverte de nombreuses espèces de poissons ou d'invertébrés.

Les enfants peuvent prendre des cours de plongée dès l'âge de 12 ans, et même s'y essayer dès 8 ans avec un moniteur dans un environnement protégé.

Toutefois, comme la plongée nécessite un matériel important et se déroule dans un milieu étranger à l'homme, une formation sérieuse est indispensable.

Ne vous laissez pas décourager au départ par la masse d'informations que vous devez ingurgiter. C'est petit à petit que vous acquerrez les connaissances nécessaires. Tout sera alors plus simple et vous constaterez qu'une fois la théorie assimilée, la pratique n'est plus qu'une question de bon sens. Ce qui est en revanche indispensable, c'est que vous ayez suffisamment d'entraînement pour avoir le bon réflexe en cas de problème afin de ne pas paniquer.

Il est courant d'être angoissé lorsque l'on commence à faire de la plongée, aussi est-il préférable de débuter en piscine ou dans une zone protégée et peu profonde. Une fois ce stade initial dépassé, l'idéal est sans doute – si vous pouvez vous l'offrir – de compléter votre formation dans les eaux tropicales, comme le proposent certains organismes d'enseignement ou structures de formation. Là, vous serez tellement captivé par les superbes récifs coralliens et les poissons

multicolores que vous aurez davantage confiance en vous et parviendrez aisément à surmonter vos craintes.

Bien sûr, il faut savoir nager pour pratiquer la plongée sous-marine, mais inutile d'être un excellent nageur. Dans la mesure où vous êtes en bonne santé, il suffit que vous soyez à l'aise dans l'eau, capable de nager pendant 200 mètres et de faire du surplace pendant 10 minutes pour pouvoir pratiquer ce sport. Une minorité de personnes souffrent de claustrophobie ou d'angoisse, ont du mal à respirer ou bien ne parviennent jamais à vider leurs oreilles ou leurs sinus. Assurez-vous que ce n'est pas votre cas en faisant un essai avant de partir.

Les centres ou les clubs de plongée sérieux organisent souvent des cours d'initiation en piscine, pour familiariser les futurs plongeurs avec le matériel et les techniques de base, puis les laisser essayer la plongée sous surveillance dans un bassin peu profond.

Ces séances d'initiation suffisent généralement pour se faire une idée de ce sport. Si vous souhaitez aller plus loin, commencez par acheter le minimum : un masque, un tuba, des palmes et une ceinture de lest, et louez le

Se trouver nez à nez avec la faune sous-marine, comme ici avec ce mérou géant, est l'un des grands plaisirs de la plongée.

Niveaux, brevets et diplômes

Voici les équivalences de niveau entre les différents brevets de plongée délivrés en France par la Fédération Française d'Études et de Sports Sous-Marins (FFESSM), la Fédération Sportive et Gymnique du Travail (FSGT) et les moniteurs de plongée affiliés à la Confédération Mondiale des Activités Subaquatiques (CMAS).

Baptême : plongée de découverte avec moniteur, à faibles profondeurs.

Niveau 1 : aptitude à plonger en palanquée avec un guide certifié.

FFESSM   : Plongeur niveau 1.

CMAS   : Plongeur 1 étoile.

FSGT   : Plongeur niveau 1.

Niveau 2 : plongeur autonome en immersion, mais limité en profondeur et n'organisant pas sa plongée.

FFESSM   : Plongeur niveau 2.

CMAS   : Plongeur 2 étoiles.

FSGT   : Plongeur niveau 2.

Niveau 3 : autonomie d'organisation de sa plongée avec des plongeurs de même niveau.

FFESSM   : Plongeur niveau 3.

CMAS   : Plongeur 3 étoiles.

FSGT   : Plongeur niveau 3.

Niveau 4 : guide de palanquée.

FFESSM   : Plongeur niveau 4.

CMAS   : Plongeur 3 étoiles.

FSGT   : Guide de palanquée.

Moniteur fédéral : enseignant bénévole ; les titulaires du 1er degré forment des plongeurs, ceux du 2e degré forment des cadres.

BEES (Brevet d'État d'Éducateur Sportif) : moniteur d'État, enseignant professionnel ; les titulaires du 1er degré forment des plongeurs, ceux du 2e degré forment des cadres.

PADI (Professional Association of Diving Instructors), **SSI** (Scuba Schools International) et d'autres structures internationales sont représentées en Europe, mais leurs diplômes, valables dans une grande partie du monde, ne sont pas officiellement reconnus en France (et ne peuvent donc pas bénéficier d'équivalences avec les brevets ci-dessus).

reste jusqu'à ce que vous soyez sûr de vouloir continuer. Vous apprendrez petit à petit comment vous comporter dans des situations plus ou moins difficiles. Les prouesses d'un plongeur dépendent de l'expérience qu'il a acquise au fur et à mesure des plongées effectuées. Comme pour tous les sports d'aventure, il y a une part de risque en plongée sous-marine, mais une bonne formation permet de la limiter à un degré tout à fait acceptable.

LES OCÉANS couvrent la majeure partie de notre planète. Vaste espace de liberté, ils constituent aussi un très bon garde-manger et jouent un rôle essentiel dans la régulation du climat. Récemment encore, on pensait que compte tenu de leur immensité, les océans ne pouvaient être affectés par les agissements de l'homme. Après plusieurs décennies de pollution et de surexploitation des mers et des océans, nous découvrons qu'il existe, toutefois, une limite à ne pas franchir.

La pêche aux explosifs ou au cyanure, l'exploitation du corail, l'enfouissement des déchets, l'ensablement provoqué par le dragage et la collecte sans discernement de coraux destinés à être vendus dans les boutiques de souvenirs, sont extrêmement destructeurs. La surexploitation des océans décime la faune aquatique, perturbe la chaîne alimentaire et entraîne parfois la prolifération d'algues qui envahissent les coraux.

Par ailleurs, les spécialistes de l'environnement s'inquiètent de plus en plus des dégâts occasionnés par certains plongeurs sur les coraux vivants. De nombreux moniteurs de plongée qui opèrent dans les eaux chaudes interdisent le port de gants, sauf sur les épaves, afin de décourager les plongeurs de se tenir aux coraux. Si un plongeur doit se poser sur le fond marin pour effectuer certains exercices ou pour ajuster son matériel, il doit choisir une étendue de sable mort afin de ne pas tuer de corail ni toute autre créature sous-marine.

L'opinion publique étant de plus en plus consciente des problèmes écologiques, l'écotourisme a fait

Corail arborescent et gorgone en éventail éclairés par les rayons du soleil qui filtrent à travers l'eau. La préservation des fragiles écosystèmes que sont les récifs coralliens est un défi que les plongeurs du monde entier doivent relever.

son apparition. Mais il se résume souvent à la formule « Ne prendre que des photos, ne laisser que des traces de pas ». Or, sous l'eau, les traces de pas peuvent endommager les coraux. Il serait donc préférable de parler d'une gestion « écologiquement correcte » du tourisme et des touristes. Si les investissements pécuniaires nécessaires au développement de l'écotourisme sont souvent minimes, cette activité est en revanche source d'emplois et de revenus pour les populations locales. À long terme, le tourisme vert permet de dégager davantage de bénéfices que la surexploitation des mers et des océans.

De nombreux plongeurs, moniteurs et centres de plongée ont été en première ligne dans la lutte pour la protection des coraux et des écosystèmes marins. Si certains sites commencent à attirer un nombre croissant de plongeurs, engendrant l'apparition de nouveaux centres de vacances, il devient nécessaire d'imposer des contrôles très stricts, non seulement aux localités concernées, mais aussi aux plongeurs et aux bateaux ancrés dans les environs.

Si les récifs coralliens ne sont pas les seuls lieux risquant d'être endommagés par les adeptes de la plongée, c'est toutefois dans les plus prisés de ces sites que l'on trouve la plus forte concentration de plongeurs. Le comportement de certains d'entre eux sur les lieux de rassemblement annuel des plus grosses espèces marines suscite l'inquiétude des experts, mais il est possible de résoudre ce problème en sensibilisant les moniteurs de plongée et les adeptes de ce sport. En effet, la sauvegarde des sites privilégiés de plongée dépend autant des plongeurs que des instructeurs et des centres spécialisés.

Les consignes élémentaires

■ Ne touchez jamais les organismes marins.

■ Faites très attention à vos palmes, car elles peuvent endommager coraux, gorgones et autres animaux fixés. Ne donnez pas de grands coups de palme à proximité des récifs, l'eau ainsi propulsée pouvant déranger des organismes délicats.

■ Maîtrisez votre flottabilité : trop de dégâts sont causés par des plongeurs qui descendent trop rapidement ou qui tombent brutalement sur le fond en essayant d'ajuster leur flottabilité. Lestez-vous correctement, et si vous n'avez pas fait de plongée depuis quelque temps, entraînez-vous dans une zone sablonneuse.

■ Ne faites pas voler le sable car il se dépose sur la roche ou le récif et peut étouffer algues et coraux. Si vous nagez avec masque et tuba, évitez de soulever du sable en faisant du surplace dans les eaux peu profondes.

■ Ne vous tenez pas debout sur les coraux, ne vous appuyez pas sur une éponge géante ni sur une gorgone, car le moindre contact peut détériorer les polypes.

■ Si vous êtes sur le point de heurter le récif ou un rocher hébergeant des espèces, stabilisez-vous du bout des doigts sur une zone déjà morte ou couverte d'algues. Si vous devez ajuster votre matériel ou votre masque, faites-le dans une zone sablonneuse, loin du récif.

■ Ne ramassez pas et n'achetez pas de coquillages, coraux, étoiles de mer, carapaces de tortue ou tout autre souvenir de ce type.

■ Chaque fois que vous faites une sortie en mer, n'oubliez pas de prévoir un sac poubelle pour rapporter vos déchets à terre.

■ Soyez prudent dans les grottes sous-marines. Évitez d'être trop nombreux et ne restez pas trop longtemps : en effet, vos bulles d'air s'agglomèrent dans les poches du plafond de la grotte, et les fragiles créatures qui y vivent risquent alors de périr.

■ Avant de réserver un stage de plongée, renseignez-vous sur la politique environnementale de l'organisme, notamment en ce qui concerne l'ancrage et l'élimination des déchets. Évitez les bateaux qui provoquent des dégâts au point d'ancrage, qui ont des fuites d'huile ou qui rejettent les déchets non traités et les eaux usées à proximité des récifs coralliens.

■ Ne pratiquez pas la pêche sous-marine pour le plaisir : en tuant uniquement les gros poissons, vous bouleverseriez la chaîne alimentaire. Si vous devez chasser pour vous nourrir, assurez-vous que vous connaissez les réglementations en vigueur, et procurez-vous tout permis nécessaire à cette activité.

■ Ne déplacez pas les organismes marins. Ne montez jamais sur les tortues, ne vous accrochez pas aux raies-mantas ni aux requins-baleines, cela les perturbe énormément.

■ Quant à savoir s'il faut ou non donner à manger aux poissons, la plupart des spécialistes de la protection de la nature y sont défavorables, car cette attitude modifie les comportements alimentaires habituels, provoque de l'agressivité et risque d'entraîner des problèmes de santé. D'autres experts pensent en revanche qu'en choisissant de nourrir certains requins, dauphins, mérous ou torpilles, ils sont devenus des attractions vivantes pour les plongeurs, contribuant à faire connaître et à préserver des espèces qui seraient sans doute menacées d'extinction par la surexploitation des océans.

Un peu de théorie

out plongeur doit comprendre l'action de la pression exercée par l'eau et les gaz sur le corps humain afin de pouvoir plonger sans risque.

Nous avons l'habitude de vivre dans l'air. Aussi, lorsque nous nous aventurons sous l'eau, nous percevons différemment poids, couleurs, distances, dimensions et sons. L'eau froide fait rapidement chuter la température de notre corps. Par ailleurs, la pression qui s'exerce en profondeur sur les gaz que nous inspirons, sur le sang et les tissus qui transportent ces gaz et sur les parties de notre organisme qui sont remplies d'air, a des effets physiologiques sur le plongeur.

L'eau

La molécule d'eau est composée de deux atomes d'hydrogène reliés à un atome d'oxygène (H_2O). Lorsque la température et la pression sont normales, l'eau est un liquide ; dans la gamme de pressions que l'on rencontre en plongée sous-marine, les liquides peuvent être considérés comme incompressibles. La densité de l'eau décroît lorsque la température tombe en dessous de 4 °C, de sorte qu'au lieu de couler, la glace flotte à la surface de l'eau.

La flottabilité

Selon le principe d'Archimède, « tout corps plongé dans un liquide subit une pression verticale dirigée de bas en haut, égale au poids du fluide déplacé par cet objet ». En d'autres termes, si un objet est moins dense que le liquide dans lequel il se trouve, il flottera (flottabilité positive), alors que s'il est plus dense, il coulera (flottabilité négative).

Le plongeur peut augmenter son poids à l'aide d'une ceinture de lest. Il peut par ailleurs modifier son volume, d'une part légèrement, en respirant plus ou moins profondément, d'autre part de façon plus importante, en faisant varier la quantité d'air que contient son gilet stabilisateur jusqu'à ce que sa densité globale soit égale à celle de l'eau environnante. À ce stade, la flottabilité du plongeur est neutre.

Plus le liquide est dense, plus il porte. L'eau de mer, qui contient des sels en solution, est donc plus dense que l'eau douce, et porte davantage.

CI-CONTRE : Une bonne flottabilité permet aux plongeurs de se tenir à distance du récif corallien.
CI-DESSOUS : Pour parvenir à une flottabilité correcte puis la maintenir, le plongeur doit maîtriser son poids et sa respiration.

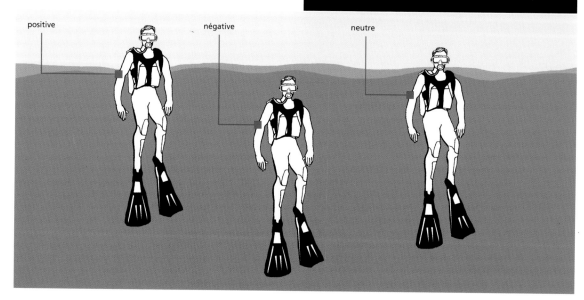

positive   négative   neutre

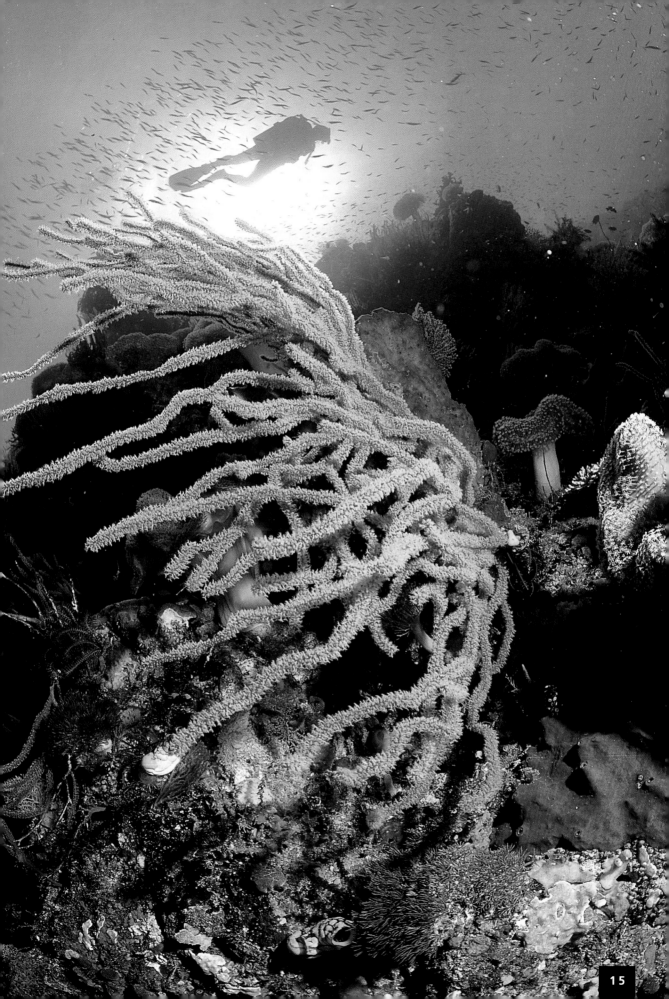

L'air

LA PLUPART DES PLONGEURS inspirent de l'air comprimé, qui est un mélange gazeux incolore, inodore et sans saveur. Dans l'atmosphère, l'air est composé de 78 % d'azote, 21 % d'oxygène et 1 % d'autres gaz.

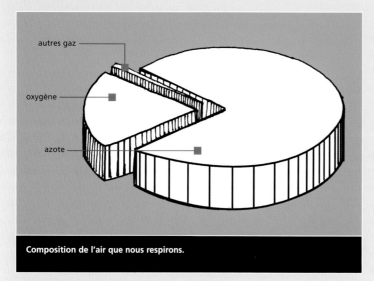

Composition de l'air que nous respirons.

remontée, et donc le dégazage, est trop rapide, cela favorise la formation de bulles trop grosses pour que l'organisme puisse les évacuer sans problème. Ces bulles peuvent alors bloquer les vaisseaux sanguins ou les tissus, provoquant un accident de décompression (voir p. 27). Si les bulles bloquent l'afflux de sang vers le cœur ou le cerveau, elles peuvent entraîner des lésions irréversibles, voire la mort.

L'oxygène est indispensable pour transformer la nourriture en énergie. Toutefois, si la pression est trop élevée, l'oxygène devient toxique, entraînant des convulsions. Bon nombre de plongeurs de bon niveau utilisent maintenant du Nitrox, c'est-à-dire de l'air enrichi en oxygène de façon à réduire sa teneur en azote, et par là même l'ivresse des profon-

deurs et donc le risque d'accident de décompression (voir Nitrox, p. 92).

Le gaz carbonique, ou dioxyde de carbone, est l'un des principaux composants de l'air que nous expirons. C'est un des sous-produits de notre métabolisme. Des capteurs situés à l'intérieur de notre organisme mesurent la quantité de dioxyde de carbone au fur et à mesure qu'il s'accumule dans notre sang et dans notre appareil respiratoire. Lorsque cette teneur est trop élevée, ils envoient des signaux au cerveau lui demandant soit de commencer à expirer, soit de respirer plus vite.

Le monoxyde de carbone résulte d'une combustion incomplète. Il est très toxique car il se fixe sur l'hémoglobine à la place de l'oxygène, et limite donc la capacité de transport de ce gaz indispensable à la vie. Pour éviter de retrouver du monoxyde de carbone dans les bouteilles, il faut contrôler sérieusement le bon état du compresseur qui permet de les gonfler, ainsi que la localisation de sa prise d'air.

L'hélium est un gaz inodore utilisé en remplacement de l'azote pour les plongées profondes, afin d'en éviter l'effet narcotique. Mais il déforme la voix, fait rapidement chuter la température du corps et nécessite l'emploi de tables de plongée compliquées.

L'azote est donc la principale composante de l'air, mais l'organisme n'en fait aucun usage au cours de la respiration. Du fait de la pression accrue à laquelle le plongeur est soumis, la quantité d'azote qui se dissout dans son sang et ses tissus est supérieure à la normale. S'il plonge assez profondément, cela va agir sur son système nerveux central, et provoquer une narcose dont les effets rappellent ceux de l'état d'ébriété, d'où son nom d'« ivresse des profondeurs ». Cet excès d'azote dissous est libéré dans le sang et les tissus lorsque le plongeur remonte. Si la

Les lois auxquelles obéissent les gaz

Les gaz sont des substances expansibles, tendant à occuper tout l'espace disponible, mais aussi compressibles, ce qui permet de réduire leur volume. Les plongeurs doivent connaître les lois fondamentales auxquelles ils obéissent.

La loi de Boyle-Mariotte

À température constante, la pression est inversement proportionnelle au volume.

En d'autres termes, la loi de Boyle-Mariotte signifie que lorsque la pression exercée sur un gaz augmente, son volume diminue, et inversement. Ou encore, pour une quantité de gaz donnée, à température constante, le produit de la pression par le volume reste constant.

P x V = constante

(P = pression absolue, V = volume)

Si P et V varient : P_1 x V_1 = constante

Et $\qquad$ P_2 x V_2 = également constante

De sorte que : $\qquad$ P_1 x V_1 = P_2 x V_2

Si l'on introduit une quantité déterminée de gaz dans un récipient rigide, le volume de ce contenant, qui, lui, est invariant, va déterminer la pression du gaz qu'il contient. En revanche, si l'on introduit la même quantité de gaz dans un récipient expansible, ce dernier va gonfler jusqu'à ce que la pression qui règne à l'intérieur du contenant soit égale à celle du gaz ou du liquide qui se trouve à l'extérieur. Dans ce second cas, c'est la pression qui détermine le volume du contenant.

Au niveau de la mer, l'atmosphère exerce une pression de 1 bar. 10 mètres au-dessous de la surface de l'eau, la pression est deux fois plus élevée (2 bars). Elle augmente ainsi de 1 bar tous les 10 mètres.

Imaginez maintenant une bouteille ouverte, remplie d'air, posée la tête en bas à la surface de l'eau. À 10 mètres de profondeur, là où la pression s'élève à 2 bars, l'air contenu dans la bouteille sera comprimé et n'occupera plus que la moitié de son volume d'origine.

À 20 mètres de profondeur, la pression est de 3 bars, et l'air contenu dans la bouteille n'occupe plus qu'un

tiers de son volume d'origine. À 30 mètres, la pression s'élève à 4 bars et l'air n'occupe plus qu'un quart de son volume d'origine. Si l'on remonte la bouteille, le phénomène inverse se produit et l'air qu'elle contient augmente de volume proportionnellement à la diminution de la pression.

Si la pression et le volume d'un gaz sont inversement proportionnels, la pression et la densité d'un gaz sont en

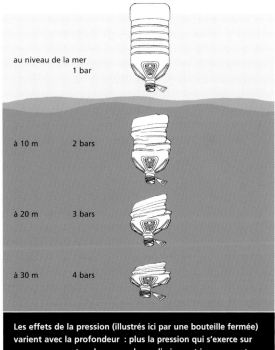

au niveau de la mer
1 bar

à 10 m $\qquad$ 2 bars

à 20 m $\qquad$ 3 bars

à 30 m $\qquad$ 4 bars

Les effets de la pression (illustrés ici par une bouteille fermée) varient avec la profondeur : plus la pression qui s'exerce sur un gaz augmente, plus son volume diminue et inversement.

revanche directement proportionnelles. En effet, le fait d'augmenter la pression entraîne une diminution du volume d'un gaz ; l'espace entre ses molécules est donc réduit, et le gaz devient plus dense. Ainsi, si la pression est égale au double de la pression atmosphérique, un volume de gaz donné est deux fois plus dense qu'à la surface de l'eau. C'est pourquoi les plongeurs vident plus rapidement leur bouteille d'air comprimé en profondeur. Une pleine inspiration à une pression de 2 bars prélève deux fois plus de molécules d'air dans la bouteille que la même inspiration faite en surface. À une pression de 3 bars, une bouteille d'air comprimé durera donc trois fois moins longtemps qu'au niveau de la mer.

La loi de Chasles

À volume constant, la pression d'une masse de gaz donnée est directement proportionnelle à la température.

La pression de l'air qu'inspire un plongeur doit être égale à celle de l'eau qui l'entoure. Comme cette pression augmente avec la profondeur, les plongeurs respirent à travers un système de clapets appelé détendeur. Cet appareil diminue la pression de l'air comprimé de la bouteille afin qu'elle soit identique à la pression de l'eau à la profondeur où se trouve le plongeur. Afin d'économiser l'air de la bouteille, les détendeurs modernes ont été conçus de façon à ne le libérer que lorsque le plongeur en a besoin (voir p. 44).

À chaque plongée, l'individu porte plusieurs objets remplis d'air, par exemple son gilet stabilisateur, qui lui permet d'ajuster sa flottabilité, ses bouteilles d'air comprimé, son masque, mais aussi les petites bulles que contient sa combinaison. Il y a également des cavités remplies d'air dans son corps, notamment les sinus, les oreilles, l'estomac et les poumons (voir p. 29).

À l'exception des bouteilles, qui sont rigides, tous ces espaces remplis d'air se compriment progressivement au fur et à mesure que le plongeur descend, et se dilatent lorsqu'il remonte.

En descendant, le plongeur doit penser à compenser pour équilibrer la pression au niveau de ses oreilles et de ses sinus (voir p. 28). En remontant, il doit expirer assez fréquemment pour éliminer l'air qui gonfle dans ses poumons.

Le taux de dilatation des gaz à l'intérieur du corps est particulièrement élevé au cours des dix derniers mètres de la remontée, de sorte qu'en s'approchant de la surface, les plongeurs doivent s'efforcer d'expirer souvent et de remonter très lentement.

Le gonflage des bouteilles de plongée doit être effectué minutieusement pour que l'air reste pur et qu'aucune contamination ne puisse se produire.

La loi de Gay-Lussac

À pression constante, le volume d'une masse de gaz donnée est directement proportionnel à la température absolue.

La loi de Dalton

Dans un mélange gazeux, la pression exercée par l'un des gaz est égale à celle qu'il exercerait s'il occupait seul le même volume.

Si la température augmente, la pression en fait autant. De même, si la pression augmente, la température aussi. C'est pourquoi les bouteilles d'air comprimé pleines, dont le volume est constant, ne doivent pas être stockées à proximité d'une source de chaleur ni en plein soleil, car la dilatation du gaz pourrait les faire exploser.

On estime approximativement que pour 1 °C de variation de température, la pression d'une bouteille d'air comprimé pleine change de 0,6 bar.

En combinant la loi de Boyle-Mariotte, la loi de Gay-Lussac et la loi de Chasles, on obtient la relation suivante :

$$\frac{P \times V}{T} = \text{constante}$$

P = pression absolue, V = volume ; T = température absolue et K = constante

Ce qui donne :

$$\frac{P_1 \times V_1}{T_1} = \text{constante}$$

mais si les données varient, alors :

$$\frac{P_2 \times V_2}{T_2} = \text{également constante}$$

En combinant ces deux équations, on obtient l'équation mathématique de la loi générale à laquelle obéissent les gaz :

$$\frac{P_1 \times V_1}{T_1} = \frac{P_2 \times V_2}{T_2}$$

Lorsque l'on remplit ou que l'on vide une bouteille d'air comprimé, V_1 et V_2 sont identiques, de sorte qu'ils s'annulent et que l'équation devient :

$$\frac{P_1}{T_1} = \frac{P_2}{T_2}$$

En pratique, il est impossible de ne pas modifier ces trois paramètres en même temps. Par exemple, lorsque l'on remplit une bouteille d'air comprimé à partir d'un compresseur, l'air chauffé par le compresseur fait à son tour augmenter la température de la bouteille. Ainsi, la pression totale exercée par un mélange gazeux est égale à la somme des pressions de chacun des gaz constituant le mélange. En d'autres termes, chacun des gaz qui composent un mélange gazeux agit indépendamment des autres gaz. Lorsque l'on mélange plusieurs gaz, bien que leurs molécules soient de taille et de poids différents, ils sont constamment en mouvement. C'est pourquoi ils se mélangent facilement. Au sein d'un mélange gazeux, chacun des gaz exerce une pression proportionnelle au pourcentage de ce gaz contenu dans le mélange. On appelle pression partielle (pp) la pression exercée par l'un des gaz qui composent un mélange gazeux.

Par exemple, si l'on part du principe que l'air est composé de 4/5 d'azote et 1/5 d'oxygène, les molécules d'azote exercent 4/5 de la pression totale et les molécules d'oxygène 1/5 seulement. Si la pression totale de l'air est de 1 atmosphère, la pression partielle de l'azote s'élève à 0,80 atmosphère et la pression partielle de l'oxygène à 0,20 atmosphère.

La loi de Dalton peut s'exprimer de la façon suivante :

P totale = ppA + ppB + ppC, etc.

Ou encore ppA = P totale x % volume A

(A, B et C sont les gaz qui composent le mélange).

Lorsque le plongeur descend, la pression de l'eau augmente, et il doit absorber davantage d'air par le détendeur afin de conserver le volume d'origine des poumons. Si au sein d'un mélange gazeux le pourcentage en volume des divers composants reste constant, le nombre de molécules de gaz dans un volume donné augmente pour sa part avec la pression. En d'autres termes, en profondeur, nous absorbons une quantité nettement plus importante qu'en surface de chacun des gaz qui composent le mélange. Absorbés en quantité assez importante, des gaz qui sont normalement inoffensifs, comme l'oxygène, deviennent toxiques. Si votre bouteille contenait de l'air comprimé avec 0,5 % de monoxyde de carbone (prise d'air du compresseur mal placée), cela provoquerait tout au plus un mal de tête en surface. À 40 mètres en revanche, la pression partielle du monoxyde de carbone augmente, et la quantité inspirée, cinq fois plus importante, devient toxique.

Le Nitrox et la loi de Dalton

De nombreux plongeurs utilisent du Nitrox, un mélange enrichi en oxygène et à teneur en azote réduite (voir *Le Nitrox* p. 92). Par rapport à l'air comprimé classique, l'utilisateur de Nitrox absorbe moins d'azote pour une profondeur et un temps donnés, ce qui réduit son temps de décompression et lui permet de plonger plus profond sans devoir faire de palier.

Toutefois, au-dessus d'une pression partielle de 1,4 ata (atmosphère absolue), la toxicité de l'oxygène devient inacceptable. Avec de l'air, on ne rencontre cette pression partielle qu'à des profondeurs importantes, alors qu'avec le Nitrox, on peut y être confronté à des profondeurs moindres. Les plongeurs doivent donc respecter une profondeur limite imposée par le pourcentage d'oxygène dans le mélange.

La loi de Henry

À température donnée, la solubilité d'un gaz dans un liquide est proportionnelle à la pression partielle de ce gaz au-dessus du liquide.

Au moins deux facteurs affectent la solubilité d'un gaz dans un liquide : la pression et la température. L'espace qui règne entre les molécules est plus important dans un liquide que dans un solide, mais moins que dans un gaz. Les molécules d'un liquide sont toutefois suffisamment espacées pour que quelques molécules de gaz viennent s'y loger : le gaz est alors en solution (dissous dans le liquide). Or, les molécules de gaz en solution conservent leurs propriétés d'origine. Bien qu'elles soient complètement entourées de molécules liquides, les molécules de gaz continuent à exercer une pression à l'inté-rieur de ce liquide : c'est ce que l'on appelle la tension du gaz dans le liquide.

Prenons l'exemple d'un récipient de liquide qui ne renfermait initialement aucun gaz dissous. La tension gazeuse est alors nulle. Or, les molécules de gaz migrent de la pression la plus haute vers la plus basse. De ce fait, si ce liquide entre en contact avec un gaz, les molécules de gaz vont pénétrer dans le liquide qui présente une tension gazeuse plus faible. Si ce phénomène se poursuit, la tension gazeuse va augmenter jusqu'à ce qu'elle soit égale à la pression du gaz qui est en contact avec le liquide. Le liquide est alors saturé : les molécules de gaz continuent à entrer et à sortir de la solution, mais de façon équilibrée.

Il existe un gradient (différence) entre la pression partielle du gaz en contact avec le liquide et la tension gazeuse qui règne dans le liquide. Lorsque le gradient de pression est élevé, le taux d'absorption du gaz dans le liquide l'est également.

Si la pression du gaz en contact avec le liquide diminue, le gradient de pression s'inverse. Le liquide est alors saturé (c'est-à-dire qu'il contient plus de gaz qu'il ne peut en conserver en solution à la nouvelle pression). De ce fait, une certaine quantité de gaz s'échappe de la solution jusqu'à ce que la tension gazeuse à l'intérieur du liquide soit à nouveau en équilibre avec la pression des gaz qui sont en contact avec celui-ci.

Si la pression diminue rapidement, le gaz s'échappe de la solution plus vite qu'il ne peut diffuser dans le gaz en contact avec le liquide. Il forme alors des bulles. C'est ce qui se passe lorsque l'on décapsule une bouteille de soda.

Lorsqu'un individu plonge à diverses profondeurs, différents tissus absorbent ou rejettent de l'azote plus ou moins rapidement. Ce phénomène dépend également de la circulation sanguine, de la température et des efforts effectués.

Si le plongeur remonte à une vitesse suffisamment faible, lorsqu'il revient à la surface son corps continue à rejeter lentement de l'azote et il ne court aucun risque. En revanche, si le plongeur remonte trop vite, il se peut qu'il libère de l'azote si rapidement que des bulles se forment dans les tissus. C'est ce qui provoque un accident de décompression (voir p. 27).

Les systèmes de mesure

COMME LA PLUPART DES PAYS, la France applique le système métrique, facile à utiliser car il est en base 10. D'autres pays continuent toutefois à appliquer le système anglo-saxon, où un pied égale 12 pouces. Les mesures en **pied** présentent l'intérêt d'être divisibles par 2, 3, 4 et 6 alors que 10 n'est divisible que par 2 et 5.

Un **kilogramme** est le poids d'un litre d'eau (approximativement 2.2 lb). Un **mètre,** dérivé de la vitesse de la lumière dans le vide, équivaut à 39.37 in.

La **pression** peut être exprimée en kg/cm² ou en millimètres de mercure (mmHg).

L'**atmosphère** (l'air que nous respirons habituellement) a son propre poids, qui exerce une pression constante sur nous dans toutes les directions et sur le sol.

Au niveau de la mer, cette pression, appelée **pression barométrique,** est égale à 1 atmosphère, ce qui correspond à 760 mmHg à 0 °C. Dans le système métrique, on parle généralement de bar, 1 atmosphère = 1 bar.

La pression atmosphérique ou barométrique varie en fonction des conditions météorologiques et diminue avec l'altitude.

La plupart des instruments mesurant la pression indiquent zéro au niveau de la mer, alors qu'ils devraient indiquer la pression de l'atmosphère ; cela induit une différence dans la mesure de la pression réelle. Si un instrument indique 200 bars, cela signifie en fait 200 bars au-dessus de la pression atmosphérique. C'est ce que l'on appelle la pression de tarage de l'instrument. En réalité, si l'instrument était calibré de façon que son zéro corresponde au zéro absolu, dans le vide par exemple, il indiquerait 201 bars, ce qui correspond à la pression atmosphérique. On parle alors de pression absolue. Ce type de notation n'est pas utilisé chez nous.

Les **profondimètres** indiquent la pression. Ils ne sont précis que si on les utilise dans l'environnement pour lequel ils ont été calibrés. Les appareils calibrés pour l'eau de mer ne seront donc pas précis dans l'eau douce, et ceux qui ont été calibrés pour le niveau de la mer ne seront pas précis en altitude.

Pour mesurer la température, le système métrique utilise les **degrés Celsius** (°C), tandis que les Anglo-Saxons parlent de **degrés Fahrenheit** (°F).

Si vous partez à l'étranger, il est utile de connaître certaines conversions.

- Pour convertir des °C en °F :
  (°C x 9/5) + 32 = °F.
- Pour convertir des °F en °C :
  (°F – 32) x 5/9 = °C.
- Poids et mesures :

pound (lb) :	0,454 kg
inch (in) :	2,54 cm
foot (ft) :	30,48 cm
mile (mi) :	1,609 km
nautical mile (mille marin) :	1,852 km
cubic inch (cu.in.) :	16,387 cm³
gallon (gal) :	4,543 l (GB)
	3,78 l (US)

Un baromètre sert à mesurer les changements de pression atmosphérique.

La plongée et l'organisme

Le matériel de plongée nous permet de respirer sous l'eau, mais respirer avec un détendeur demande un certain effort, qui s'accentue au fur et à mesure que l'on descend, car la pression accrue qui s'exerce sur les poumons rend leur dilatation de plus en plus difficile, et les gaz expirés sont de plus en plus denses. En pratiquant régulièrement leur sport, les plongeurs parviennent à s'adapter à ces difficultés. La consommation d'oxygène diminue lorsque l'organisme apprend à l'utiliser plus efficacement, tandis que le corps développe une plus grande tolérance au dioxyde de carbone.

Le système cardio-vasculaire

Les appareils respiratoire et circulatoire fournissent de l'oxygène et des matières nutritives à l'organisme et éliminent le dioxyde de carbone. Dans le corps, la nourriture est transformée en hydrates de carbone qui, en présence d'oxygène, se transforment en énergie, en eau et en dioxyde de carbone.

Si les tissus de l'organisme ne sont pas assez oxygénés, ils risquent de mourir. Afin de maintenir le niveau requis d'oxygène (O_2) et de dioxyde de carbone (CO_2) dans le sang, le cerveau régule la respiration en fonction des variations de la teneur en CO_2 dans le sang, déclenchant le réflexe respiratoire lorsque le dioxyde de carbone est en excès. Si vous plongez en apnée, une hyperventilation

excessive peut vous faire perdre connaissance : le taux de dioxyde de carbone diminue fortement dans le sang, ce qui retarde le signal d'alarme pour le cerveau, par ailleurs incapable de détecter la chute du taux d'oxygène. Les tissus du cerveau et du système nerveux consomment presque un cinquième de l'oxygène transporté par le sang. Privés d'oxygène, ces tissus commencent à mourir au bout de quelques minutes seulement. Lors d'exercice ou de stress, le débit et la pression sanguine augmentent afin d'apporter plus d'oxygène aux tissus et d'éliminer davantage de gaz carbonique. La pression et le flux sanguin ne doivent pas augmenter au point d'entraîner une rupture des artères, ni chuter au point de priver les tissus d'oxygène.

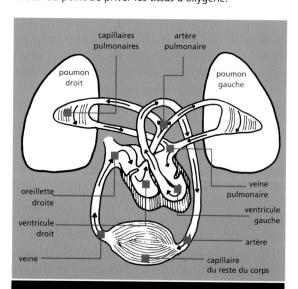

CI-DESSUS : Le sang oxygéné dans les poumons pénètre dans le cœur par l'oreillette gauche. Il est ensuite pompé par les artères qui se subdivisent en artères plus petites, puis en minuscules vaisseaux sanguins, les capillaires.
Le sang des capillaires échange de l'oxygène contre du dioxyde de carbone, puis repart vers les poumons transporté par les veines. De retour dans les poumons, le sang libère son gaz carbonique, se charge en oxygène frais et recommence un nouveau cycle.
CI-CONTRE : Le fait de comprendre comment l'organisme réagit aux variations de pression et de température permet de pratiquer la plongée en limitant les risques et en y prenant davantage de plaisir.

Connaître son cœur

Le corps réagit à la peur ou au stress en libérant de l'adrénaline dans le sang afin de stimuler le cœur et le rythme respiratoire, et de contracter les vaisseaux sanguins en vue d'une éventuelle lutte ou fuite. Or, une plongée de loisir combine un exercice modéré et un certain stress. Si vous souffrez de problèmes cardiaques ou d'hypertension, consultez un médecin spécialisé dans la plongée avant de commencer la pratique.

L'hypercapnie

Il s'agit d'un excès de dioxyde de carbone dans le sang. L'hypercapnie est le plus souvent provoquée par un effort physique intense et une mauvaise ventilation pulmonaire. Soumis à un effort intense, les tissus musculaires produisent du dioxyde de carbone plus vite que l'appareil respiratoire peut en éliminer. Ce taux élevé de dioxyde de carbone stimule la respiration, qui s'accélère, produisant encore plus de gaz carbonique, d'où un cercle vicieux qui ne s'interrompt que lorsque le plongeur cesse toute activité et laisse sa respiration revenir à la normale. Lorsque nous expirons, la dernière portion de gaz expirée atteint seulement les voies respiratoires les plus importantes. Elle n'est pas exhalée mais réingérée lors de l'inspiration suivante. On appelle « espace mort » le segment des voies aériennes qui contient ces gaz. S'il n'est pas ventilé correctement, l'individu risque l'hypercapnie. Un excès de dioxyde de carbone ou encore une apnée peuvent également provoquer l'hypercapnie. Elle se traduit généralement par des maux de tête, un esprit confus et des vertiges, mais peut aussi entraîner une perte de connaissance.

L'hypocapnie

C'est le phénomène inverse de l'hypercapnie, provoqué par un manque de dioxyde de carbone dans le sang. Il est généralement causé par une hyperventilation due au stress ou à la peur. Comme le dioxyde de carbone ne peut s'accumuler, le cerveau ne ressent pas le besoin de respirer. Le taux d'oxygène risque alors de chuter en dessous du niveau nécessaire pour rester conscient. La pression partielle de l'oxygène dans les poumons augmentant en profondeur (voir p. 19), le corps peut continuer à en consommer même en dessous du taux qui entraînerait une perte de connaissance en surface. Lorsque le plongeur remonte, la pression partielle de l'oxygène diminue en deçà du niveau où ce gaz peut se fixer à l'hémoglobine, et l'individu s'évanouit. C'est ce que l'on appelle la « syncope hypoxique » ou « rendez-vous syncopal des 7 mètres », bien connus des plongeurs en apnée.

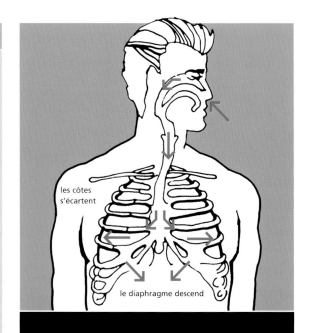

les côtes s'écartent

le diaphragme descend

INSPIRATION : À l'inspiration, la cage thoracique se gonfle sous l'action des muscles thoraciques et le diaphragme s'abaisse : la pression qui règne dans la poitrine et les poumons diminue et l'air pénètre dans les poumons.

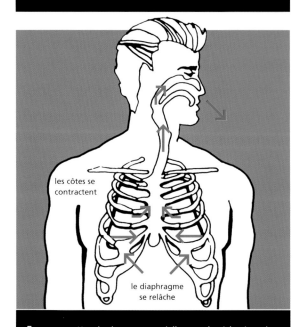

les côtes se contractent

le diaphragme se relâche

EXPIRATION : L'expiration est essentiellement due à la rétraction élastique des poumons et de la cage thoracique après la dilatation, ce qui augmente la pression thoracique et expulse l'air contenu dans les poumons. L'expiration ne nécessite aucun effort musculaire à moins que le plongeur ne la force.

L'intoxication au monoxyde de carbone

Le monoxyde de carbone se fixe à l'hémoglobine du sang deux cents fois plus vite que l'oxygène. En présence de ces deux gaz, l'hémoglobine fixera donc le monoxyde de carbone de préférence à l'oxygène. Il faut parfois respirer de l'air « propre » pendant huit à douze heures pour éliminer la totalité du monoxyde de carbone accumulé dans le sang. Lorsque l'hémoglobine transporte du monoxyde de carbone, elle ne peut pas transporter d'oxygène. De ce fait, si l'intoxication au monoxyde de carbone passe inaperçue, elle peut entraîner une hypoxie.

En profondeur, la pression accrue permet à une quantité suffisante d'oxygène de se dissoudre dans le plasma pour subvenir aux besoins de l'organisme, ce qui retarde l'apparition des symptômes avertisseurs (maux de tête, confusion et troubles de la vision). Lorsque le plongeur remonte, la pression n'est plus assez élevée pour qu'il y ait suffisamment d'oxygène dissous dans le sang, et il perd connaissance.

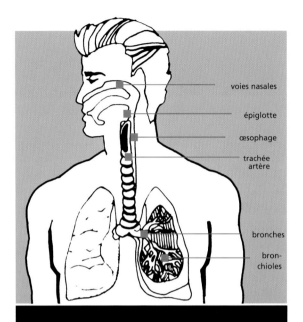

LA RESPIRATION ET LES POUMONS : Lorsque nous inspirons, l'air entre par la bouche, le nez et les sinus, passe derrière l'épiglotte (un opercule de peau qui assure l'occlusion des voies aériennes pendant la déglutition) et pénètre dans la trachée artère qui se scinde en deux conduits droit et gauche, les bronches. Chacune de ces bronches se ramifie ensuite à plusieurs reprises en multiples petites bronchioles qui se terminent chacune par une poche d'air, l'alvéole. C'est au niveau de ces alvéoles, parcourues de très fins capillaires, que se déroulent les échanges gazeux respiratoires.

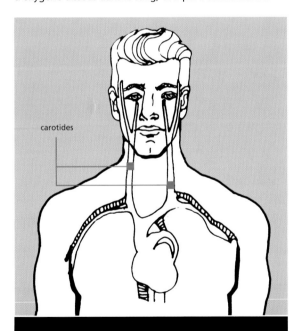

LE SYNDROME SINUCAROTIDIEN : Lorsque la région réflexogène sinucarotidienne détecte une hypertension, elle demande au cerveau de ralentir le rythme cardiaque. Si le plongeur porte une combinaison, une cagoule ou tout autre élément qui lui comprime trop le cou, les nerfs de la région sinucarotidienne peuvent interpréter à tort cette forte pression comme une hypertension sanguine, et de ce fait déclencher un ralentissement du pouls qui provoque une perte de connaissance.

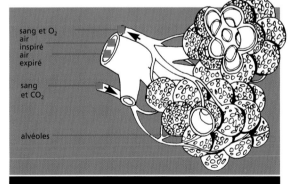

LES POUMONS : Malgré l'importante surface permettant les échanges gazeux, ces deux grosses masses spongieuses n'absorbent qu'une petite partie de l'oxygène (O_2) qu'apporte chaque inspiration. On retrouve en effet la majeure partie de cet oxygène dans l'air expiré, ce qui explique l'efficacité du bouche-à-bouche (voir p. 78).

L'action toxique de l'oxygène

L'action toxique de l'oxygène est double. D'une part, la toxicité à long terme de faibles doses d'oxygène sur l'organisme provoque des symptômes semblables à ceux d'une pneumonie. Toutefois, cet effet n'apparaît qu'après une exposition à l'oxygène plus longue que celle à laquelle sont généralement confrontés les plongeurs amateurs. D'autre part, la toxicité à court terme de fortes doses d'oxygène sur le système nerveux central peut se produire lorsque la pression partielle de l'oxygène dépasse 1,4 ata (voir p. 19 et p. 92). Or, lorsqu'un plongeur utilise un mélange d'air enrichi à l'oxygène (Nitrox), il atteint cette pression limite de 1,4 ata à faible profondeur. Ce type de pratique nécessite donc absolument une formation spécifique (voir p. 92).

L'action toxique de l'oxygène entraîne la perte de connaissance et des convulsions, susceptibles de provoquer la noyade.

Lors d'un exercice physique intense, nous accumulons dans notre sang du dioxyde de carbone, ce qui oblige l'hémoglobine à libérer de l'oxygène plus rapidement que d'ordinaire. Notre cerveau est alors soumis à des taux sanguins d'oxygène très élevés, parfois toxiques. Il faut donc éviter les efforts importants en plongeant avec des mélanges gazeux riches en oxygène.

Comme avec l'azote, les périodes au cours desquelles nous sommes exposés à de fortes pressions partielles d'oxygène ont un effet cumulatif, qui doit être pris en compte lorsque l'on plonge à grande profondeur, avec un mélange enrichi ou pendant un traitement de recompression.

La narcose à l'azote ou ivresse des profondeurs

Lors d'une plongée, l'azote se dissout dans le sang et dans les tissus jusqu'à saturation de ces derniers en fonction de la profondeur. L'absorption ou le rejet d'azote varie en fonction du type de tissu, de la température corporelle et de la vitesse de la circulation sanguine.

L'azote est plus soluble dans les graisses que dans l'eau, de sorte que les tissus adipeux en absorbent davantage. Par ailleurs, les tissus fortement vascularisés (appelés « tissus rapides ») absorbent et libèrent l'azote rapidement, alors que ces échanges gazeux s'effectuent plus lentement avec les tissus peu vascularisés, dits « tissus lents » (cartilages, tendons et capitons de graisse), qui peuvent pourtant renfermer davantage d'azote dissous que les tissus rapides.

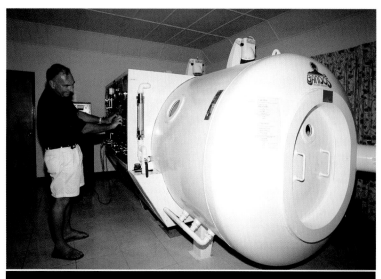

Un caisson de recompression permet de traiter les accidents de décompression.

L'azote jouerait un rôle dans le transfert des charges électriques d'une cellule nerveuse à l'autre, ce qui agirait sur la vigilance et la coordination. Une forte pression partielle d'azote entraîne des sensations similaires à celles de l'état d'ébriété : tout d'abord une sensation d'euphorie suivie de troubles du raisonnement puis d'une grande appréhension. L'ensemble de ces symptômes constitue ce que l'on appelle l'ivresse des profondeurs.

La sensibilité des individus à l'ivresse des profondeurs est variable. Certains plongeurs s'y acclimatent en s'exposant régulièrement, tandis que d'autres apprennent à faire avec. Certains seulement en sont victimes à 30 mètres de profondeur, mais à 50 mètres, tout le monde est touché.

L'alcool, les tranquillisants, les somnifères, les médicaments contre le mal de mer, les antihistaminiques, les antidiarrhéiques et tous les médicaments qui bloquent les transmissions nerveuses aggravent la situation. L'ivresse des profondeurs survient rapidement mais disparaît tout aussi vite à la remontée.

Les accidents de décompression

Les accidents de décompression sont dus à la libération de bulles d'azote dans l'organisme plutôt que leur évacuation par les poumons.

La vitesse à laquelle l'azote est absorbé ou libéré par l'organisme dépend du gradient de pression gazeuse entre l'air pulmonaire et les tissus, de la vitesse de circulation sanguine, de la température corporelle et de la masse de tissus concernée. Après toute plongée, le sang et les tissus du plongeur renferment des micro-bulles, trop petites pour causer un problème. Toutefois, lorsqu'elles sont nombreuses, ces micro-bulles s'associent pour en former des plus grosses. Si le gradient de pression est élevé, il se forme alors des bulles assez grosses pour entraîner un accident de décompression.

Lorsque la circulation sanguine est bloquée, les tissus situés en aval du blocage sont privés d'oxygène et risquent d'être définitivement endommagés. Les symptômes sont fonction de l'emplacement des bulles.

Les accidents épidermiques ou cutanés

La peau démange, picote ou brûle, avec parfois des plaques rouges. Ces symptômes apparaissent souvent dès la sortie de l'eau. Peu dangereux, ils disparaissent rapidement, mais peuvent signaler des accidents de décompression plus graves.

Les accidents myo-ostéo-articulaires

Les symptômes d'accident de décompression les plus courants sont des douleurs articulaires (genoux, épaules et coudes) provoquées par des bulles apparues au niveau des tendons, ligaments et muscles concernés. Bien que les douleurs n'apparaissent parfois que plusieurs heures après la plongée, il convient de les prendre au sérieux. Les victimes d'accidents de décompression soulagent souvent ces douleurs en maintenant l'articulation fléchie et immobile.

Les accidents neurologiques

La diminution du débit sanguin vers la moelle épinière peut se traduire par un engourdissement, des fourmillements et picotements dans les membres inférieurs, la difficulté de contrôler sa vessie, voire la paraplégie ou la tétraplégie. Un problème au niveau cérébral peut entraîner troubles oculaires, maux de tête, confusion mentale, perte de connaissance, voire attaque cérébrale et mort.

Les traitement des accidents de décompression

L'extrême fatigue est le symptôme le plus courant. Si vous soupçonnez un plongeur d'avoir un accident de décompression, faites-lui inhaler de l'oxygène pur et transportez-le jusqu'au caisson hyperbare ou de recompression le plus proche. Le patient y subira rapidement une recompression de façon à réduire la taille des bulles et à les dissoudre. Il subira ensuite une décompression très lente, tout en étant sous oxygène, sous perfusion et sous traitement.

Les douleurs articulaires au niveau des genoux, des épaules et des coudes peuvent signaler un accident de décompression, aussi convient-il de les prendre au sérieux.

TOUT ESPACE CORPOREL EMPLI de gaz peut subir un barotraumatisme (lésion due à une variation de pression). Les gaz sont par essence compressibles, de sorte que les parties du corps qui en renferment (les oreilles, les sinus, les dents, les poumons et l'appareil digestif) ainsi que la partie du visage couverte par le masque réagissent aux variations de volume qui surviennent.

Lorsque les plongeurs descendent, les parties de leur corps contenant de l'air sont comprimées. Les plongeurs compensent généralement le placage de leur masque sans y penser, mais ce phénomène est plus sensible à grande vitesse. Il suffit de souffler fort par le nez pour résoudre le problème. De même, le placage d'une combinaison étanche peut provoquer pincements et contusions ; il suffit alors de faire pénétrer un peu d'air dans la combinaison (ne pas oublier de le libérer en remontant !).

Les oreilles

La pression est normalement identique de part et d'autre du tympan. Pendant la descente, la pression de l'eau fait s'incurver le tympan, occasionnant une forte douleur. L'oreille moyenne étant reliée à la gorge par la trompe d'Eustache, il est possible d'équilibrer les pressions interne et externe en déglutissant, ou en essayant de souffler par le nez tout en le bouchant et en fermant la bouche (manœuvre de Valsalva).

Si la trompe d'Eustache est congestionnée, du fait d'un rhume ou d'une allergie par exemple, il peut être difficile de parvenir à l'équipression. Si le plongeur continue alors à descendre, du sang peut apparaître dans l'oreille moyenne, puis le tympan finit par se rompre, ce qui provoque douleur et sensation de vertige jusqu'à ce que l'eau qui a pénétré dans l'oreille se réchauffe.

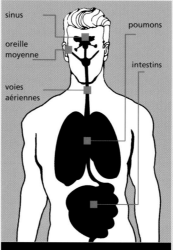

Certaines parties du corps réagissent automatiquement aux variations de pression.

Manœuvre de Valsalva : Pour équilibrer la pression de part et d'autre du tympan, bouchez-vous le nez, fermez la bouche et essayez de souffler par le nez : cela devrait déboucher la trompe d'Eustache.

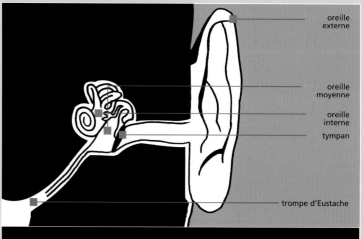

L'oreille est particulièrement sensible aux variations de pression dans l'eau.

À la remontée, l'air dilaté s'échappe par la trompe d'Eustache et rejoint la gorge.

Il arrive souvent qu'un plongeur subisse un barotraumatisme en remontant, lorsque l'effet du médicament qu'il a pris pour décongestionner son oreille et pouvoir plonger malgré un rhume s'estompe. Il faut alors tenter d'équilibrer progressivement la pression, l'air qui reste dans la bouteille déterminant le temps disponible pour ce faire. Il est d'ailleurs déconseillé de prendre des décongestionnants pour plonger.

Les sinus

Lorsque l'on plonge avec des sinus congestionnés, la pression de l'eau peut produire douleurs et saignement. Lors de la remontée, la dilatation repousse le sang vers le nez et souvent jusque dans le masque.

Les dents

La dilatation de l'air dans les cavités dentaires peut faire souffrir à la remontée. Ce phénomène douloureux n'est toutefois pas grave. Consultez un dentiste si nécessaire.

Les poumons

Si le plongeur remonte lentement sans cesser de respirer, les variations de pression pulmonaire ne lui causeront aucun problème. La règle d'or de la plongée est de ne jamais bloquer sa respiration. Le risque d'une surpression pulmonaire lors de la remontée étant plus grand à faible profondeur, il est conseillé de bien expirer au cours des dix derniers mètres.

La surpression entraîne des déchirures pulmonaires problématiques, car l'air peut alors pénétrer dans les tissus ou le flux sanguin. Le risque le plus grave est l'embolie gazeuse artérielle : les ruptures alvéolaires sont telles que la quantité d'air qui pénètre dans la veine pulmonaire est suffisamment importante pour traverser le cœur et en repartir par l'aorte ; les bulles circulent alors dans l'organisme et peuvent obstruer la circulation artérielle.

Lorsqu'un poumon est déchiré, l'air peut également pénétrer dans la partie de la cage thoracique où se trouvent la trachée et le cœur, réduisant l'efficacité de ces organes (emphysème médiastinal), et dans les tissus qui se trouvent à la base du cou (emphysème sous-cutané). Si l'air s'infiltre entre les poumons et la paroi thoracique, il provoque l'affaissement des poumons, accompagné de fortes douleurs thoraciques, d'essoufflement et d'un spume rosâtre à la bouche.

Si les accidents de décompression surviennent souvent après coup, les symptômes des barotraumatismes pulmonaires se manifestent dès que le plongeur refait surface.

Ce type d'accident est toujours sévère. Si tous les symptômes décrits ne signifient pas que les jours du plongeur sont en danger, il convient de les traiter en urgence et de s'en remettre au diagnostic d'un médecin spécialisé dans la plongée sous-marine. Dans l'immédiat, faites inhaler au patient de l'oxygène pur et transportez-le jusqu'au caisson de recompression le plus proche.

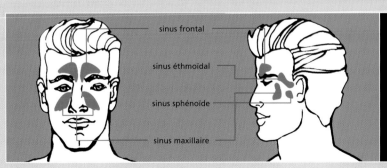

sinus frontal

sinus éthmoïdal

sinus sphénoïde

sinus maxillaire

Les sinus d'un plongeur sain sont des cavités et des conduits situés à l'intérieur des os du crâne, tapissés de mucosités et remplis d'air dans lesquels la pression s'équilibre automatiquement avec l'équipression des oreilles. Évitez donc, dans la mesure du possible, de plonger si vous avez les voies nasales congestionnées.

Les barotraumatismes gastro-intestinaux

Douleurs abdominales et coliques peuvent survenir lorsque le plongeur avale des gaz comprimés ou s'il vient d'absorber un gros repas ou une boisson gazeuse. Contrôler ce que l'on ingurgite avant de plonger peut aider à limiter ces inconforts, de même que le fait de descendre en position debout ou de ralentir, voire de s'arrêter en cours de remontée.

Les efforts physiques extrêmes

Nager très vite (par exemple face au courant) accélère le rythme cardiaque, augmente la pression artérielle, et nécessite parfois plus d'air que le détendeur ne peut en fournir. Cela entraîne des sensations de suffocation et d'appréhension pouvant conduire à une crise de panique. L'idéal est alors d'arrêter et de laisser sa respiration et son rythme cardiaque revenir à la normale.

L'hyperthermie

L'hyperthermie, ou hausse de la température corporelle, peut être provoquée par l'effort physique, une trop grande isolation thermique, l'exposition à la chaleur ou un apport de liquide insuffisant. Un plongeur victime d'hyperthermie peut avoir des propos incohérents et s'évanouir. Portez le patient dans un endroit frais, sous un ventilateur, ou bien rafraîchissez-le avec un linge humide. S'il est conscient, donnez-lui une boisson sucrée contenant en outre une demi-cuillerée à café de sel par litre. S'il est inconscient, placez-le en position latérale de sécurité (P.L.S., voir p. 77), surveillez la respiration et la circulation et allez chercher un médecin.

L'hypothermie

La température corporelle optimale est de 36,9 °C plus ou moins 0,5 °C. Au-dessous, un individu souffre de déperdition calorifique, ou hypothermie.

La température de l'eau de mer est généralement inférieure à la température corporelle optimale, de sorte que les plongeurs doivent porter des tenues isolantes pour pouvoir rester longtemps dans l'eau.

Les tremblements constituent un symptôme précoce du refroidissement du corps. Ils sont ensuite généralement suivis d'un engourdissement des bras et des jambes, car l'afflux sanguin vers les membres diminue. Si le plongeur persiste, il risque de montrer des

Les combinaisons étanches peuvent augmenter le risque d'hyperthermie. Passez une éponge humide froide sur la victime pour la rafraîchir.

Pour réchauffer un plongeur souffrant d'hypothermie, donnez-lui une boisson chaude, enveloppez-le dans des vêtements secs et faites-lui prendre si possible un bain chaud.

troubles de la coordination, puis de perdre connaissance.

Le traitement consiste à réchauffer la personne. Faites-lui prendre un bain chaud, les jambes surélevées. Le bouche-à-bouche (voir p. 78) ou un massage cardiaque externe (voir p. 79) peuvent être nécessaires.

Si le patient est conscient, faites-lui prendre une boisson chaude sucrée, mais jamais d'alcool. Si on ne peut lui donner un bain chaud, la meilleure solution consiste à allonger d'autres plongeurs sains contre la peau de la victime dans un environnement le plus chaud et le plus abrité possible.

Lorsque l'on hisse à bord d'un bateau un plongeur souffrant d'hypothermie ou bien qu'un hélicoptère vient le chercher, il faut le sortir de l'eau en position couchée, les jambes relevées. En sortant la victime de l'eau, on supprime en effet la pression aquatique. Le sang afflue à nouveau vers les extrémités et la gravité le fait descendre vers les pieds. Le volume central de sang diminue, ce qui peut entraîner un état de choc, voire la mort.

La noyade

C'est l'accident qui se produit en cas de passage d'un liquide dans les voies respiratoires. Lorsqu'en pénétrant, l'eau entraîne un spasme du larynx, on parle de « noyade sans aspiration de liquide ». Lorsque l'eau inhalée s'infiltre en revanche dans les poumons, on parle de « noyade avec aspiration de liquide ».

La victime est cyanosée, avec parfois un spume rosâtre s'écoulant de la bouche et du nez. Elle ne respire pas. Soulevez ses jambes, puis faites-lui le bouche-à-bouche et un massage cardiaque externe jusqu'à ce qu'elle reprenne connaissance ou que le décès ait été annoncé par un médecin.

Il est arrivé que des individus survivent à une noyade après être restés jusqu'à 40 minutes sous l'eau, froide notamment, aussi ne vous découragez pas et poursuivez vos efforts de réanimation pendant au moins une heure. Si la victime se remet à respirer, faites-lui inhaler si possible de l'oxygène pur.

Les poumons endommagés peuvent provoquer une noyade secondaire dans les heures voire les jours qui suivent la réanimation. C'est pourquoi les rescapés d'une noyade doivent rester en observation à l'hôpital.

Il est parfois impossible de déterminer la cause d'un accident de plongée. Heureusement, les premiers secours sont les mêmes : bouche-à-bouche et massage cardiaque externe, puis inhalation d'oxygène pur et transfert rapide vers un hôpital équipé d'un caisson hyperbare.

Les crampes

Les crampes sont des contractions musculaires douloureuses provoquées par un effort physique, par le froid ou par un taux anormal de sels minéraux dans l'organisme. On parvient à les soulager en étirant le muscle et en le massant. Les plongeurs souffrent généralement de crampes au mollet. Il suffit de tirer la palme vers soi tout en tendant la jambe pour soulager la douleur. Si la crampe persiste, il est conseillé de remonter.

Pour soulager une crampe au mollet, attrapez l'extrémité de la palme et tirer le pied vers soi.

Le matériel de base

Le matériel de plongée est de plus en plus performant, confortable et esthétique. Compte tenu de l'immense variété du matériel actuel, les plongeurs peuvent trouver un équipement parfaitement adapté aux conditions dans lesquelles ils vont pratiquer leur sport. Pour prolonger la durée d'utilisation du matériel et pour limiter les risques de dysfonctionnement, il est conseillé de le rincer abondamment à l'eau douce après usage et de le stocker à l'abri du soleil.

Les masques

L'eau ayant une plus forte densité que l'air, elle transmet la lumière différemment. L'œil humain voit donc flou sous l'eau. C'est pourquoi nous devons porter un masque, dans lequel il y a de l'air, pour voir net. Comme l'air que contient le masque est soumis à la pression de l'eau, le plongeur doit parfois compenser en descendant. C'est pourquoi son nez doit se trouver à l'intérieur du masque afin qu'il puisse expirer dans le masque. Par ailleurs, pour qu'il puisse se pincer les narines lorsqu'il effectue la manœuvre de Valsalva (équilibrage de la pression interne et externe des oreilles et des sinus), le logement prévu pour le nez doit être souple.

Un bon masque de plongée doit comporter :

■ une jupe en silicone, confortable, anallergique, et qui conserve sa souplesse sur une grande amplitude de températures. Peu importe que le masque soit translucide ou de couleur vive dans la mesure où il offre une grande luminosité. Les jupes doubles assurent une meilleure étanchéité ;

■ une sangle solide avec une partie antiglissante pour faciliter le réglage (il est conseillé de toujours emporter une sangle de rechange) ;

■ un volume réduit pour faciliter la compensation et parvenir plus facilement à l'équipression ;

■ un hublot en verre trempé, qui se casse et se raie moins facilement que le verre ordinaire.

Essayez toujours plusieurs masques avant d'acheter. Pour tester un masque, faites passer la sangle devant le hublot. Ensuite, levez la tête et appliquez le masque légèrement contre votre visage. Inspirez par le nez, puis lâchez le masque et secouez la tête, en vous tenant prêt à le rattraper s'il tombe. Continuez à retenir votre souffle et baissez la tête : le masque doit rester en place. Vérifiez enfin que vous pouvez vous pincer le nez de façon efficace si vous devez effectuer la manœuvre de Valsalva.

sangle

jupe souple

monture anti-corrosion

sangle à réglage rapide et simple

hublot en verre trempé

logement souple pour le nez

CI-DESSUS : Un bon masque de plongée doit présenter ces caractéristiques.
PAGE DE DROITE : Les plongeurs peuvent choisir le matériel le mieux adapté à leurs besoins et à l'environnement dans lequel ils vont pratiquer leur sport.

Un problème d'étanchéité ?

On peut résoudre le problème en appliquant de la vaseline, mais cette solution ne convient pas pour les masques en Néoprène car la vaseline attaque ce matériau. Le plus simple est d'opter pour un petit masque, et d'expirer régulièrement par le nez pour éliminer l'eau.

Les palmes

Les palmes permettent aux nageurs de se déplacer dans l'eau avec une plus grande efficacité. L'aide qu'elles apportent en matière de propulsion est indispensable pour compenser le poids du matériel, ou pour pouvoir nager à contre-courant. Plus la voilure est longue, plus le plongeur doit avoir les jambes musclées. Les palmes ne doivent pas être serrées au point de pincer le pied ou de le blesser, ni lâches au point de bouger lorsque vous secouez le pied.

Il existe deux types de palmes :

■ les palmes chaussantes, utilisées lorsque l'on pratique la plongée libre avec tuba ou que l'on ne porte pas de bottillons. Elles doivent être confortables mais pas trop grandes non plus. Si le talon se déchire, il faut changer la palme : emportez donc toujours des palmes de rechange ;

■ les palmes réglables, utilisées avec des bottillons à semelle. La partie la plus fragile de ces palmes est la sangle de réglage. Ayez donc toujours quelques sangles de rechange.

Le tuba

Avec un tuba, un plongeur peut respirer aisément à la surface sans avoir à sortir la tête de l'eau.

Un tuba est plus ou moins confortable en fonction de diverses caractéristiques. Choisissez donc le modèle qui vous convient le mieux :

■ les modèles avec un diamètre intérieur de 25 millimètres environ sont les plus faciles à utiliser, mais les plongeurs de petite taille préféreront peut-être un tuba plus étroit doté d'un embout plus petit, qu'ils videront plus facilement ;

■ l'embout doit tenir bien en bouche ; certains sont orientables ;

■ certains tubas sont équipés d'une soupape d'expiration au niveau du tube ou de l'embout (il s'agit d'une soupape qui permet de vider la partie du tube qui est hors de l'eau.) Un déflecteur situé près de l'extrémité supérieure du tube limite les entrées d'eau dues à la houle. Sachez que de l'eau pénètre toujours dans un tuba, même s'il est équipé de ces deux soupapes. Faites donc attention en respirant, et expulsez l'eau régulièrement pour éviter de l'inhaler.

Lorsque vous utilisez le tuba, fixez-le à la sangle de votre masque par un accroche-tuba ou bien glissez-le entre la sangle du masque et votre tête. Lorsque vous ne vous en servez pas, glissez-le sous les sangles du poignard le long de votre jambe.

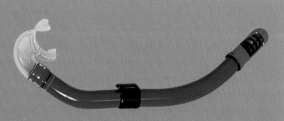

CI-CONTRE (DE HAUT EN BAS) : Choisissez vos palmes en fonction de vos besoins : les palmes à voilure rigide assurent une meilleure propulsion ; si vous portez des bottillons, optez pour des palmes réglables, à talon libre ; les adeptes de la plongée libre apprécient beaucoup les palmes chaussantes.
CI-DESSUS : Un tuba est utile pour respirer en surface lorsque l'on nage jusqu'à l'endroit où l'on va plonger ou pour rejoindre le bateau ou le rivage.

Les ceintures de lest et les plombs

La plupart des individus présentent une flottabilité positive dans l'eau douce, et plus encore dans l'eau salée, qui est plus dense. Les combinaisons, les gilets stabilisateurs et les bouteilles d'air comprimé presque vides augmentent cette flottabilité, de sorte que pour pouvoir rester

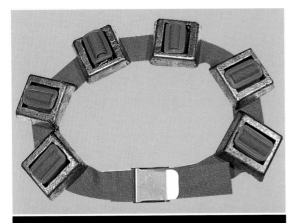

Les ceintures de lest compensent la flottabilité positive.

immergés, les plongeurs doivent se lester en portant une ceinture garnie de plombs.

Il existe de multiples systèmes de lestage, depuis les sangles toutes simples aux ceintures à poches dans les-

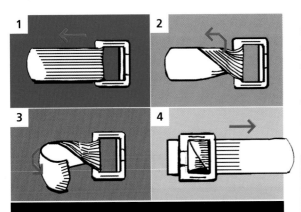

POUR QUE VOS PLOMBS NE GLISSENT PAS :
1. Prenez l'extrémité libre de la ceinture et glissez-la dans l'une des fentes latérales du bloc de plomb.
2. Retournez la ceinture.
3. Glissez-la dans la deuxième fente du bloc de plomb.
4. Serrez la ceinture autour de votre taille de façon à bien maintenir le plomb en place.

quelles on glisse des plombs, celles qui sont équipées d'un harnais que l'on passe sur l'épaule, à celles qui sont intégrées dans un gilet stabilisateur.

Quel que soit le système pour lequel vous optez, il est important que vous-même ou votre coéquipier soyez capable de larguer votre lest rapidement en cas d'urgence sans qu'il s'accroche à un autre élément de votre équipement.

Une ceinture est généralement formée d'une bande de Nylon de 5 centimètres de largeur, munie d'une boucle à ouverture rapide, facile à régler et ne risquant pas de se coincer ni de s'ouvrir inopinément.

Le lest se compose habituellement de blocs de plomb rectangulaires ou cylindriques de 1 ou 2 kilos. Pour éviter que les plombs se déplacent le long de la ceinture ou glissent et tombent, on peut les maintenir en place par des bloqueurs ou fixe-plombs. La ceinture est parfois munie d'un anneau permettant de fixer d'autres éléments.

Si la ceinture est suffisamment longue, vous pouvez maintenir les plombs en place en la retournant après l'avoir glissée dans la première fente latérale du plomb, et avant de la glisser dans la seconde.

Les ceintures à poches sont plus confortables et maintiennent les plombs en place.

Si votre coéquipier utilise un lestage intégré dans un gilet ou un système avec harnais, familiarisez-vous avec ce matériel avant d'entrer dans l'eau afin de pouvoir larguer ce lest facilement.

En voyage, inutile d'emporter votre ceinture de lestage et vos plombs, ils vous seront fournis. En revanche emportez des bloqueurs de rechange.

Le lestage idéal

S'il est correctement lesté, un plongeur portant tout son équipement, dont le gilet stabilisateur est complètement purgé, la bouteille presque vide, doit flotter en position verticale, la surface de l'eau à hauteur des yeux. Le lestage sera réduit avec des bouteilles en acier ou en cas de plongée en eau douce. Il sera plus important avec des bouteilles en aluminium (voir p. 42).

LE GILET STABILISATEUR PERMET au plongeur d'ajuster sa flottabilité lors de sa descente ou de sa remontée. Sans cet équipement, il serait en effet obligé de palmer en permanence pour ne pas couler ni remonter involontairement à la surface, avec les éventuels problèmes physiologiques que cela entraînerait. En gonflant ou en vidant la poche d'air de son gilet stabilisateur, un plongeur peut gérer sa flottabilité, ce qui lui permet de se déplacer plus facilement, de consommer moins d'air et d'éviter les contacts brutaux avec le fond.

On fixe au gilet stabilisateur la bouteille d'air comprimé et son détendeur, certains accessoires et parfois même le lest, le tout formant un ensemble solidaire.

Plongeurs professionnels et photographes apprécient parti-culièrement les modèles à flottabi-lité dorsale car la poche d'air ne couvre pas la partie ventrale où ils peuvent fixer d'autres matériels, et la nage la tête en bas est facili-tée.

Pour bien flotter verticalement en surface avec ce type de gilet, compensez avec un lestage dorsal intégral qui fera contrepoids, ou bien fixez une partie de vos plombs à votre bouteille.

Il existe des gilets à simple ou double enveloppe. Dans le second cas, l'air est contenu dans l'enveloppe interne qui peut être remplacée à moindre frais si elle est endommagée. L'enveloppe externe, confectionnée dans un matériau plus résistant, est facilement réparable en cas d'accroc. Les gilets à double enveloppe sont certes plus lourds, mais plus durables et faciles à entretenir.

La plupart des gilets stabilisateurs ou « stabs » sont équipés d'un infla-teur basse pression relié au premier étage du détendeur (direct system) et d'un embout favorisant le gon-flage à la bouche. Certains sont munis d'une cartouche de dioxyde de carbone permettant un gonflage d'urgence, d'autres d'une cartouche de secours à raccord en étrier que l'on remplit à partir d'une bouteille d'air comprimé avant chaque plon-gée.

Pour purger rapidement le gilet, le plongeur tire sur un cordon, isolé ou attenant au flexible de l'em-bout buccal. Une autre méthode consiste à soulever ce flexible d'in-flation buccale au-dessus de la tête et à presser le bouton de purge qui se trouve à son extrémité.

Tous les gilets stabilisateurs doi-vent être équipés de soupapes de surpression ; elles se trouvent en

CI-DESSUS : Raccord en étrier permettant le remplissage de la cartouche de secours d'un gilet stabilisateur.
CI-CONTRE : Un gilet stabilisateur correctement gonflé permet au plongeur de flotter sans bouger.

général au point le plus bas du gilet, de sorte que même si elles fuient, la poche d'air continuera à jouer son rôle (si le plongeur n'est pas constamment la tête en bas !). Démontez régulièrement les purges et rincez-les à l'eau douce pour éliminer toute trace de sel et de sable afin de garantir leur bon fonctionnement.

Avant de ranger votre gilet stabilisateur, purgez-le complètement et rincez-le à l'eau douce : remplissez-le au tiers par l'embout buccal, puis secouez-le pour éliminer le plus possible d'eau salée. Laissez-le s'égoutter ensuite en le posant à l'envers, le tuyau pendant librement. Assurez-vous qu'il est bien sec avant de le ranger.

CI-DESSUS : La plupart des gilets stabilisateurs sont munis de sangles à Velcro ou de clips pour maintenir flexibles et instruments près du corps. Cela facilite la lecture des instruments et évite qu'ils heurtent épaves et coraux au risque de les endommager. De nombreux modèles sont également équipés de poches où vous pourrez glisser de plus petits ustensiles, comme une ardoise et des crayons de plongée.

CI-CONTRE : Si votre gilet est trop petit (photo de gauche), il ne vous portera pas correctement.
S'il est trop grand (photo de droite), votre bouteille ballottera et sera mal maintenue en surface.

Les combinaisons de plongée

VOTRE BIEN-ÊTRE SOUS L'EAU est fonction de votre forme, de votre métabolisme, de votre niveau d'activité lors de la plongée, de la température de l'eau et du nombre de plongées que vous faites dans la journée. Les plongeurs portent des combinaisons pour se protéger des coups de soleil en surface, de l'abrasion, des coupures, piqûres et morsures d'animaux et surtout de la déperdition de chaleur sous l'eau.

Les combinaisons en Lycra

En eaux chaudes, une combinaison monopièce fine suffit souvent. En Nylon et Lycra mélangés, elles sont d'une grande élasticité et souvent de couleurs vives et ornées de motifs gais. Malheureusement, elles se détériorent vite au soleil.

La plupart des combinaisons en Lycra ont des sous-pieds pour éviter que les jambes ne remontent et une boucle dans laquelle on glisse le pouce pour maintenir les manches en place. Ces détails sont bien pratiques lorsque l'on enfile une combinaison en Néoprène par dessus, en hiver par exemple.

Légères et de couleurs vives, les combinaisons en Lycra garantissent aux plongeurs en eaux chaudes une grande liberté de mouvement.

Les combinaisons « humides »

Les combinaisons les plus courantes sont confectionnées en Néoprène, une mousse cellulaire synthétique souple, isolante, qui n'absorbe pas l'eau. L'épaisseur de la matière varie de 2 millimètres pour une utilisation en eaux chaudes jusqu'à 9 pour les eaux très froides. Il existe de multiples modèles : les combinaisons courtes ou shortys ne couvrent que le haut des cuisses et le torse, tandis que les monopièces protègent le corps, de la tête aux poignets et aux chevilles préservant ainsi du froid et des frottements.

Si vous choisissez un Néoprène assez épais, optez pour un modèle deux-pièces, qui sera plus facile à enfiler et à retirer. Le plus courant est composé d'un pantalon montant à bretelles, qui couvre le corps des chevilles jusqu'à la poitrine, complété par une

ne ressort pas sans cesse, elle est réchauffée par le corps et contribue à une meilleure isolation. Si la combinaison est trop ample, l'eau circule et la protection contre le froid est moins efficace.

Les combinaisons semi-étanches ont des manchons en Néoprène ajustés aux poignets et aux chevilles. Il existe des combinaisons semi-étanches monopièces et deux-pièces, et certains modèles sont munis d'une cagoule.

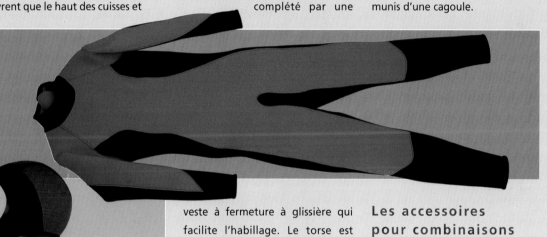

veste à fermeture à glissière qui facilite l'habillage. Le torse est ainsi protégé par une double isolation thermique : le bustier du pantalon-gilet et la veste.

Une combinaison en Néoprène doit être la plus ajustée possible tout en restant confortable. L'eau s'infiltre entre la combinaison et la peau, mais dans la mesure où elle

Les accessoires pour combinaisons

On peut citer les cagoules, les bottillons (de préférence à semelle rigide), les gants (en Nylon contre les coupures, en Néoprène pour se protéger du froid) et les coussinets dorsaux en Néoprène, que l'on place dans le creux lombaire pour limiter la circulation de l'eau. Les genouillères peuvent être utiles pour s'agenouiller sur une épave sans s'égratigner.

CI-DESSUS (DE HAUT EN BAS) : Les combinaisons non étanches protègent les plongeurs du soleil et de l'eau froide. Si l'eau est très froide, ils peuvent porter une cagoule. Les gants en Nylon évitent les égratignures, et les bottillons sont plus confortables pour marcher au fond de l'eau.

Les combinaisons de plongée

Les combinaisons sèches ou à volume variable

Ces combinaisons enveloppent complètement le corps. Il existe des différences d'un modèle à l'autre (matériau, type de cagoule, bottillons, fermetures).

Les combinaisons sèches isolantes en Néoprène sont soit très ajustées, soit plus amples pour que le plongeur puisse les porter par-dessus des sous-vêtements chauds.

Leur flottabilité et leur caractère isolant diminuent au fur et à mesure que le plongeur descend et que le Néoprène est comprimé.

Les combinaisons sèches non isolantes sont constituées d'une toile enduite étanche, mais n'isolent, en revanche, pas du tout du froid, de sorte que le plongeur doit porter des sous-vêtements chauds (« souris »).

Les combinaisons sèches ont des bottillons, et parfois une cagoule, intégrés.

Les fermetures à glissière doivent rester propres. Graissez-les avec un lubrifiant spécial. Elles s'étendent généralement d'une épaule à l'autre. Sur certains modèles, elles partent de la nuque et descendent en diagonale sur la partie ventrale, ce qui permet d'enfiler sa combinaison sans avoir à demander de l'aide.

Les purges

L'air que renferme une combinaison sèche se comprime lorsque le plongeur descend, ce qui diminue la flottabilité et provoque un certain inconfort, car les plis qui se forment se

CI-CONTRE : Le matériau qui a permis de confectionner cette combinaison sèche est composé d'une couche de trilaminé entre deux couches de matériau synthétique très résistant à l'usure. Comme le Néoprène, cette matière n'a pas de propriétés isolantes en soi. Il convient donc de porter des sous-vêtements chauds dessous.
CI-DESSOUS : Selon le type de combinaison choisi, l'isolation thermique est obtenue de façon différente.

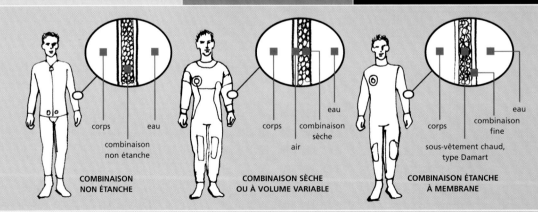

corps — eau
combinaison non étanche
COMBINAISON NON ÉTANCHE

corps — combinaison sèche — eau
air
COMBINAISON SÈCHE OU À VOLUME VARIABLE

corps — combinaison fine — eau
sous-vêtement chaud, type Damart
COMBINAISON ÉTANCHE À MEMBRANE

collent contre la peau du plongeur. Pour remédier à cet inconvénient, une alimentation basse pression permet de faire pénétrer de l'air dans la combinaison ; la soupape d'admission se trouve généralement sur la poitrine.

Lorsque le plongeur remonte, cet air se dilate, et comme dans le cas du gilet stabilisateur, il faut l'évacuer pour ne pas accélérer la remontée. La plupart des combinaisons sont munies de purges automatiques au poignet ; il suffit de lever le bras en mettant cette soupape au-dessus de sa tête pour purger l'air excédentaire. Cette soupape est parfois située juste au-dessous de l'épaule.

Bien que l'on puisse jouer sur la flottabilité d'une combinaison sèche, il est tout de même indispensable de porter un gilet stabilisateur en cas d'accroc ou de perte d'étanchéité de la combinaison. En surface, un gilet stabilisateur est également plus confortable.

Équipé d'une combinaison sèche avec bottillons intégrés on peut avoir besoin de palmes plus grandes. Beaucoup accrochent, par ailleurs, de petits plombs autour de leurs chevilles pour garder plus facilement les jambes vers le bas.

Les sous-vêtements portés sous une combinaison sèche varient en fonction de la température ambiante, du coton aux matières synthétiques, de la laine polaire au Goretex.

Cela dit, il est rare que les combinaisons étanches restent parfaitement sèches, les sous-vêtements étant immanquablement mouillés par la sueur et les fuites.

Mise en garde

La plongée avec une combinaison sèche pose quelques problèmes spécifiques, depuis les remontées non maîtrisées jusqu'aux remontées la tête en bas, lorsque l'air migre vers les jambes de la combinaison et y reste coincé.

Avant d'utiliser ce type de combinaison, il est nécessaire de suivre une formation adaptée qui vous permettra d'éviter ces déboires.

CI-DESSUS À GAUCHE : Les combinaisons étanches sont parfaites pour pratiquer la plongée en eaux très froides.
CI-DESSUS À DROITE : Une combinaison étanche extensible en Néoprène épouse le corps du plongeur.

Les bouteilles de plongée

Les bouteilles de plongée sont soit en acier, soit en aluminium. En acier, elles offrent une meilleure résistance à l'abrasion et de bonnes caractéristiques de flottabilité, mais elles risquent de rouiller, tant à l'intérieur qu'à l'extérieur si elles sont mal entretenues. En aluminium, elles résistent moins à l'abrasion et ont besoin de parois plus épaisses pour supporter la même pression interne que les bouteilles en acier. Par ailleurs, elles flottent plus que des bouteilles en acier, et la fine couche d'oxyde d'aluminium qui se forme protège en fait la bouteille de toute corrosion ultérieure.

La robinetterie

Les bouteilles de plongée sont équipées d'un robinet de conservation, simple dispositif d'entrée-sortie de l'air. Certains robinets sont dits universels car on peut leur raccorder un détendeur à étrier ou à molette (système DIN). C'est la même robinetterie qui sert à gonfler la bouteille et à la raccorder au détendeur.

Les robinets des bouteilles de plongée en acier ont un filetage conique garni d'un ruban en Téflon, tandis que la robinetterie des bouteilles en aluminium a un filetage cylindrique. À l'intérieur de la bouteille, le robinet se prolonge d'un tube de 25 millimètres, le bec ou tube plongeur, destiné à éviter que l'humidité ou le tartre ne diminue le flux d'air lorsque la bouteille est à l'envers. La robinetterie comporte également parfois une fine rondelle de cuivre qui cède et laisse sortir l'air en cas de surpression. Lorsque vous ouvrez le robinet pour laisser pénétrer l'air dans le détendeur, ouvrez-le à fond, puis refermez-le d'un demi-tour. Cela évitera qu'il se bloque en position ouverte.

L'étanchéité du raccord entre la bouteille et le détendeur étant assurée par un joint torique, elle repose davantage sur la pression de l'air que sur le serrage de l'étrier ou de la molette DIN du détendeur. Ne fermez donc jamais un robinet en force.

Attention, les joints toriques se détériorent et ne sont pas étanches en présence de cristaux de sel ou de saletés.

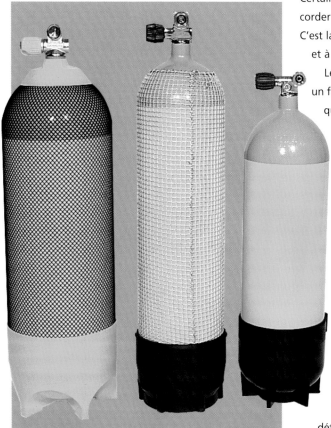

Ci-dessus : La capacité des bouteilles varie de 6 à 18 litres. Il existe par ailleurs des modèles de différentes longueurs adaptées à la taille des plongeurs. En plongée de loisir, on utilise généralement des mono-bouteilles, mais les plongeurs de petite taille préfèrent parfois prendre un petit bloc bi-bouteilles, plus confortable à porter. **Ci-contre :** La robinetterie des bouteilles en acier (schéma de gauche) a un filetage conique dont l'étanchéité est assurée par un ruban en Téflon, tandis que le filetage des bouteilles en aluminium (schéma de droite) est cylindrique, et rendu étanche par un joint torique.

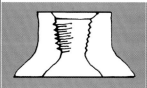

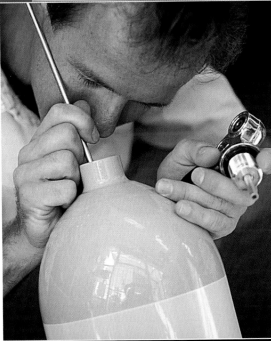

PHOTO DU HAUT : Dans les pays qui appliquent le système métrique, on classe les bouteilles de plongée en fonction de leur capacité en litres d'eau et de leur pression de service en bars, alors que dans les pays anglo-saxons, on indique le volume d'air disponible en pieds cubes pour une pression de service maximale. Ces données sont gravées sur le haut de la bouteille, là où la paroi est la plus épaisse, à côté de la date des tests réglementaires exigés par le pays de vente du bloc.
PHOTO DU BAS : L'inspection annuelle de l'intérieur des bouteilles est obligatoire.

L'entretien des bouteilles de plongée

Pour votre sécurité vos bouteilles doivent être :
■ manipulées avec soin ;
■ contrôlées régulièrement (inspection visuelle et contrôle ré-épreuve périodique) ;
■ ne jamais être remplies au-delà de leur pression de service certifiée ;
■ rincées extérieurement à l'eau douce après usage en eau de mer ;
■ remplies d'air lentement, dans l'eau pour éliminer une partie de la chaleur produite par le gonflage ;
■ conservées à l'abri de la forte chaleur et du soleil ;
■ bien sanglées pour un transport sans danger ;
■ jamais vidées entièrement, sauf pour une inspection visuelle. Si vous avez consommé la totalité de l'air que contenait votre bouteille, rincez-la à l'eau douce et laissez-la sécher entièrement avant de la remplir, car la pression ambiante a pu faire pénétrer de l'eau à l'intérieur.

Il peut arriver que de l'eau pénètre dans une bouteille de plongée pour diverses raisons :
■ compresseur mal entretenu, notamment filtres changés trop tardivement ;
■ consommation de la totalité de l'air contenu dans la bouteille ;
■ robinet laissé ouvert en présence de condensation ou de forte humidité.

Stockez vos bouteilles à la verticale en conservant une pression résiduelle de 10 à 20 bars. Cela réduit la concentration d'oxygène et limite ainsi toute corrosion due à ce gaz.

Si les fûts en aluminium ont un fond plat, les bouteilles en acier ont une base arrondie nécessitant des culots en plastique ou en caoutchouc pour être posées à la verticale. Vérifiez que le culot laisse bien s'écouler l'eau et qu'il ne roule pas lorsque vous transporterez la bouteille couchée.

Les détendeurs

Le détendeur étant l'élément le plus important de votre matériel, réfléchissez bien avant l'achat.

Les modèles bas de gamme ne distribuent pas une grande quantité d'air à la demande, ont peu de sorties basse pression et un raccord en étrier fixe de taille unique. Ils sont cependant relativement simples, tombent rarement en panne et sont très résistants, de sorte que les clubs les apprécient beaucoup, de même que les plongeurs occasionnels.

Un détendeur plus coûteux aura des sorties basse pression permettant d'alimenter sans problème gilet stabilisateur, combinaison étanche et outils pneumatiques,

ainsi qu'un détendeur de secours, tout en délivrant un fort débit d'air à la demande.

Les détendeurs actuels sont des modèles à deux étages : l'air haute pression qui se trouve dans la bouteille est détendu en deux étapes pour être amené à une pression compatible avec la respiration du plongeur.

Le premier étage doit détendre l'air de la bouteille (200 bars environ) à une pression comprise entre 10 et 13 bars environ. Il existe principalement deux types de premier étage : à piston ou à membrane.

Les premiers étages à piston sont généralement moins onéreux à fabriquer et à entretenir. En revanche, ils sont difficiles à régler sur le terrain, et la présence d'eau dans le corps du dispositif peut entraîner des problèmes de corrosion.

Les premiers étages à piston peuvent être compensés ou non compensés.

En général, les premiers étages compensés ont un débit d'air plus important, ce qui facilite la respiration en profondeur. Ils permettent d'alimenter en air les divers accessoires, mais aussi de respirer à deux plongeurs, l'un sur le détendeur principal, l'autre sur le détendeur de secours. En revanche, il est de plus en plus difficile de respirer avec un premier étage non compensé au fur et à mesure que la pression de l'air dans la bouteille diminue.

Les premiers étages à membrane sont parfaitement étanches, ce qui réduit la corrosion interne et garan-

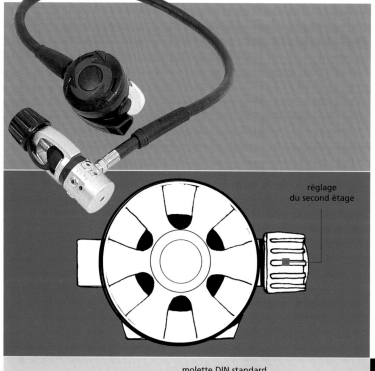

réglage
du second étage

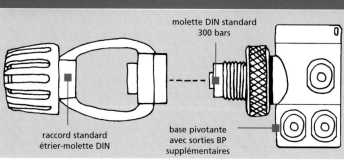

molette DIN standard
300 bars

raccord standard
étrier-molette DIN

base pivotante
avec sorties BP
supplémentaires

HAUT ET CENTRE : Le détendeur le plus couramment utilisé pour la plongée de loisir est un modèle à deux étages et à flexible unique.
BAS : Les sorties basse pression du détendeur servent à gonfler gilet stabilisateur, combinaison étanche et outils pneumatiques, et éventuellement à alimenter un détendeur de secours (octopus).

tit un meilleur fonctionnement en eau froide. Les habitués n'auront par ailleurs aucun mal à les régler sur le terrain.

Le schéma ci-dessous illustre le modèle de second étage le plus répandu, le flexible basse pression passant généralement par-dessus l'épaule droite du plongeur. Un bouton de surpression sur l'avant ouvre la soupape d'admission, ce qui permet à l'air de chasser l'eau qui se trouve éventuellement dans le second étage avant de le mettre en bouche. La soupape d'expiration se trouve à l'arrière et dirige les bulles vers l'autre côté. Ce modèle comporte une partie supérieure et une partie inférieure, de sorte qu'il faut l'utiliser dans le bon sens.

Il existe un autre type de second étage, sur lequel la membrane et la soupape d'expiration se trouvent du côté opposé au flexible basse pression. Plus petit et plus léger que le système classique, on peut l'utiliser indifféremment sur le côté droit ou gauche du visage, de sorte que le flexible basse pression peut passer par-dessus l'une ou l'autre épaule.

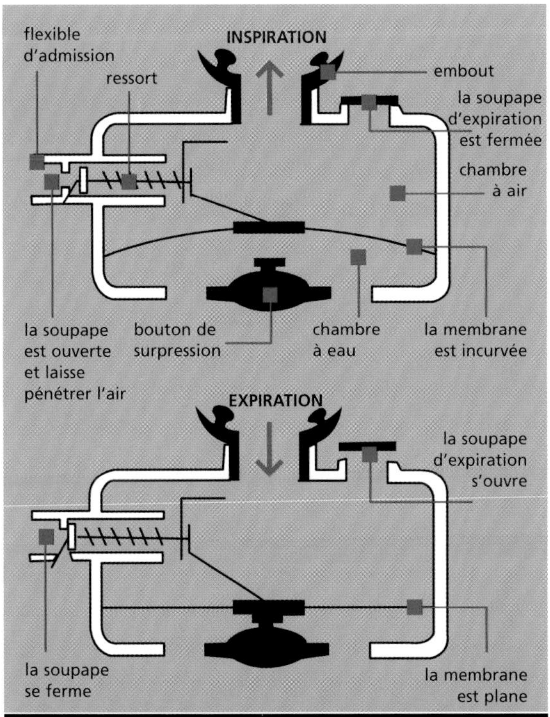

INSPIRATION

flexible d'admission
ressort
embout
la soupape d'expiration est fermée
chambre à air
la soupape est ouverte et laisse pénétrer l'air
bouton de surpression
chambre à eau
la membrane est incurvée

EXPIRATION

la soupape d'expiration s'ouvre
la soupape se ferme
la membrane est plane

Les seconds étages modernes comportent de nombreuses pièces en plastique léger afin de réduire le poids du dispositif, et un clapet aval.

Lorsque le plongeur inspire, la membrane s'incurve et appuie sur un levier relié à la soupape, ce qui la fait décoller et fournit de l'air au plongeur. La soupape s'ouvrant dans le sens du flot d'air, le dispositif est parfaitement sûr, car en cas de dysfonctionnement du clapet, ce dernier reste ouvert au lieu de se fermer et de priver le plongeur d'air.

Les seconds étages de secours, que l'on appelle « octopus », sont reliés au premier étage par leur propre flexible basse pression (parfois au direct system du gilet stabilisateur). Un détendeur de secours relié directement au détendeur principal est plus facile à utiliser s'il est muni d'un flexible très long. Il existe un autre système de secours constitué d'une bouteille, d'une capacité de 2 à 3 litres, sanglée à la bouteille principale et munie de son propre détendeur.

L'entretien du détendeur

L'idéal est de rincer le détendeur à l'eau douce tant qu'il est relié au robinet de la bouteille et que celui-ci est encore ouvert. Sinon débloquez le détendeur de la bouteille mais laissez-le en place pendant que vous ouvrez légèrement le robinet d'air de celle-ci. Ceci permet au filet d'air d'éliminer toute trace d'humidité de l'admission du premier étage. Mettez le bouchon anti-poussière (bien sec) en place et rincez le détendeur à l'eau douce en maintenant le premier étage plus haut que le second.

Vérifiez régulièrement le filtre externe du premier étage. S'il est de couleur verdâtre, c'est que de l'eau a pénétré dans le premier étage, voire dans l'une des bouteilles que vous avez utilisées récemment. Un filtre rougeâtre signale pour sa part des traces de rouille provenant d'une bouteille en acier. Un filtre noirâtre ou huileux signifie enfin que la bouteille a été remplie avec un compresseur défectueux ou dont le filtre était défectueux. Faites réviser votre détendeur tous les six mois en cas d'usage intensif, tous les ans en cas d'usage modéré, et à chaque fois que vous constatez un problème de débit d'air ou tout dommage apparent.

Avant de plonger, vérifiez que la bouteille est pleine en regardant le manomètre, et écoutez pour déceler une éventuelle fuite d'air au niveau du joint torique. En cas de fuite, remplacez-le.

Les instruments et accessoires

La durée et la profondeur sont des données importantes pour un plongeur. Pour chaque plongée, il doit connaître :

■ la profondeur maximale qu'il a atteinte ;

■ la profondeur à laquelle il se trouve, à tout moment au cours de la plongée ;

■ le temps passé sous l'eau (durée de la plongée) ;

■ la pression de l'air dans sa bouteille, à tout moment au cours de la plongée.

Les plongeurs doivent donc être équipés des instruments donnant ces informations, ainsi que d'une table de plongée ou d'un ordinateur de plongée en cas de dépassement du temps d'immersion prévu ou du temps de plongée sans palier.

Les manomètres immergeables

La seule façon de savoir combien d'air il reste dans une bouteille consiste à utiliser un manomètre relié à la sortie haute pression du premier étage du détendeur. Certains plongeurs fixent leur manomètre sur une console qui regroupe la plupart de leurs instruments.

Le modèle le plus courant est le modèle à tube de Bourbon. Il consiste en un tube rempli d'huile, enroulé en cercle ou en spirale, scellé à une extrémité et terminé à l'autre par une membrane souple. Lorsque le flexible haute pression est relié à cette membrane, la pression transmise à l'huile a tendance à redresser et à dérouler le tube. Une aiguille reliée à l'extrémité du tube indique la pression sur un cadran.

Les profondimètres

Un profondimètre informe le plongeur de la profondeur instantanée et de la profondeur maximale qu'il a atteintes. Lorsqu'il descend, une première aiguille monte le long de l'échelle en poussant devant elle une seconde aiguille. Lorsque le plongeur remonte, la première aiguille redescend mais la seconde reste en place, indiquant la profondeur maximale.

Les montres étanches

Les ordinateurs de plongée (voir p. 72) ont certes supplanté les montres, mais, pour pallier les problèmes de piles qui s'usent, il faut soit plonger avec deux ordinateurs, soit emporter également une montre. Seules les montres garanties étanches à 200 mètres de profondeur ou plus peuvent être utilisées pour pratiquer la plongée sous-marine.

Les modèles à affichage numérique doivent être équipés d'un cadran lumineux, afin de pouvoir être consultés par faible lumière ou de nuit, ainsi que d'une fonction chronomètre, qu'il convient de déclencher en début de plongée pour

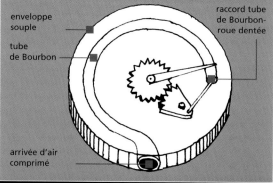

enveloppe souple

tube de Bourbon

arrivée d'air comprimé

raccord tube de Bourbon-roue dentée

CI-DESSUS ET EN HAUT À GAUCHE : Un manomètre immergeable, comme le modèle Bourbon à tube rempli d'huile, permet de connaître la pression de l'air dans les bouteilles.
EN HAUT À DROITE : Les montres de plongée à aiguilles sont munies d'une couronne crantée. On aligne le curseur de la couronne avec l'aiguille des minutes en début de plongée.

connaître le temps écoulé. Attention aux modèles dont les boutons sont petits : ils sont difficiles à actionner les doigts gantés ou engourdis par le froid.

Si vous optez pour une montre à aiguilles, choisissez-la avec aiguilles et chiffres phosphorescents, consultable même par faible visibilité, et munie d'une couronne crantée. Alignez la couronne avec l'aiguille des minutes en début de plongée : la prochaine fois que vous regarderez l'heure, la différence entre cette heure-ci et celle qu'indique la flèche de la couronne crantée vous indiquera le temps écoulé.

Les boussoles ou compas

Un compas de plongée est une boussole classique étanche. Certes vous n'aurez pas toujours besoin d'un compas en plongée, mais un changement soudain des conditions météorologiques ou des courants peut sérieusement réduire la visibilité, de sorte qu'il est préférable de l'avoir toujours fixé à son gilet stabilisateur.

Les poignards

Un poignard de plongée n'est pas une arme de défense, mais plutôt un outil très utile pour fureter, creuser, mesurer, toquer sur sa bouteille afin d'attirer l'attention d'un autre plongeur, et surtout pour couper cordages, filets, lignes de pêche et algues, toutes sortes d'éléments auxquels un plongeur risque de s'accrocher, et qui s'avèrent très dangereux sous l'eau.

Les couteaux-scies sont très efficaces pour couper les cordages et les lignes de pêche monofils. Certains modèles présentent un ergot spécial, le coupe-fil, pour couper rapidement. Toutefois, certains plongeurs préfèrent encore utiliser de bons ciseaux à usage universel.

Les lampes

Les lampes utilisées pour éclairer une plongée de jour peuvent être de forte puissance, mais pour une plongée de nuit, préférez un modèle moins puissant pour ne pas effrayer les animaux marins et les pousser à se cacher. Les modèles puissants sont généralement alimentés par des accumulateurs au cadmium-nickel, tandis que les lampes de faible puissance fonctionnent plutôt avec des piles alcalines.

Les pièces de rechange

Enfin, les plongeurs ne doivent pas oublier de prévoir une boîte étanche contenant les outils et les pièces de rechange dont ils risquent le plus d'avoir besoin lors d'une sortie de plongée : tournevis plat et cruciforme, pinces, clés Allen, sangles de rechange pour masque et palmes, joints toriques pour le détendeur, graisse silicone, piles de rechange pour les lampes et l'ordinateur, embout de rechange pour le second étage du détendeur, et un hameçon pour retirer les joints toriques usagés.

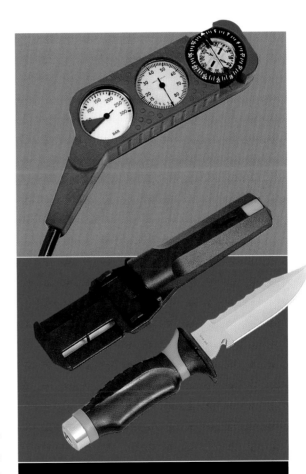

EN HAUT : On peut réunir sur une même console le manomètre, le profondimètre et le compas.
CI-DESSUS : Il est indispensable d'être équipé d'un poignard de plongée solide pour pouvoir couper cordages et filets. Fixez le poignard sur la face extérieure de votre mollet, vous pourrez le saisir facilement en cas de besoin.

Les premiers pas

Aucun centre de plongée digne de ce nom ne vous fournira des bouteilles ou ne vous laissera plonger sans moniteur si vous ne disposez pas d'une carte attestant que vous avez les qualifications requises (voir p. 11).

Il existe deux façons d'apprendre la plongée : s'inscrire dans un club de plongée et suivre des séances d'entraînement hebdomadaires pendant plusieurs mois, ou bien faire un stage intensif avec un organisme spécialisé.

Dans le premier cas, la formation, plus longue, comporte souvent des cours spécialisés nécessaires afin de pratiquer la plongée en eaux froides ou dans des conditions difficiles. Les structures professionnelles, en revanche, préfèrent souvent familiariser leurs élèves avec la plongée sous-marine dans des conditions plus clémentes, dans les eaux tropicales par exemple.

Le matériel de base

Les débutants doivent se familiariser avec le matériel de base et apprendre à le contrôler avant de s'en servir.

Quel organisme choisir ?

Le contenu et la qualité des formations proposées par les clubs et écoles affiliés à la Fédération Française d'Études et de Sports Sous-Marins (FFESSM) ou, ailleurs dans le monde, par les centres agréés par la Confédération Mondiale des Activités Subaquatiques (CMAS) sont assez homogènes. Les qualifications proposées par d'autres organismes (PADI, etc.) ne sont pas strictement équivalentes, mais comportent cependant tous les aspects importants.

On vous donnera des cours théoriques sur la science, la physiologie ou le secourisme appliqués à la plongée, et l'on vous apprendra à planifier une plongée. Certains clubs abordent aussi la décompression dans leurs stages d'initiation. Enfin, on vous fera souvent passer un petit test de natation.

Lorsqu'une bouteille est pleine, son robinet est généralement protégé par un bouchon anti-poussière ou du ruban adhésif. Retirez-le et ouvrez brièvement le robinet pour éliminer poussière ou humidité. Vérifiez le joint torique qui se trouve sur la robinetterie de la bouteille et passez un doigt humide pour retirer les cristaux de sel et améliorer son étanchéité. Placez l'insert du détendeur sur le robinet, en vous assurant qu'il s'emboîte parfaitement, puis serrez l'étrier ou la molette DIN.

Écartez le manomètre de vous et des autres personnes et ouvrez légèrement le robinet en écoutant attentivement pour repérer une éventuelle fuite d'air. Si vous en décelez une, c'est peut-être parce que vous avez mal raccordé le détendeur à la robinetterie de la bouteille. Dans ce cas, fermez le robinet et recommencez l'opération. Si la fuite persiste, c'est que le joint torique du raccord détendeur-bouteille est défectueux ou que le raccord du détendeur n'est pas de la bonne taille. Après avoir remédié au problème, ouvrez le robinet à fond, puis refermez-le d'un quart de tour. Vérifiez sur le manomètre que la bouteille est bien pleine.

Mettez l'embout du deuxième étage du détendeur dans la bouche et habituez-vous à respirer ainsi. Dans le même temps, regardez le manomètre : si l'aiguille oscille trop, faites réviser votre détendeur.

Vous avez vérifié que votre bouteille est pleine. Vous pouvez maintenant retirer le détendeur pour installer le gilet stabilisateur. Fermez le robinet puis laissez sortir l'air en appuyant sur le bouton de purge. Enfin, desserrez la molette DIN ou l'étrier qui relie la bouteille au détendeur et retirez ce dernier.

CI-CONTRE : Tout apprenti plongeur doit apprendre à vider son masque et à le remettre en place s'il a bougé. Avec un peu d'entraînement, il maîtrisera rapidement ces gestes et pourra les effectuer machinalement.

Gonflage de la cartouche de secours du gilet stabilisateur

Si votre gilet stabilisateur est équipé d'une cartouche de secours, gonflez-la avant de mettre le détendeur en place. Assurez-vous que la bouteille principale est à sa pression de service maximale. Retirez la cartouche de votre gilet stabilisateur en défaisant son étrier puis raccordez ce dernier à la robinetterie de la bouteille. Ouvrez le robinet de la cartouche à fond, puis ouvrez lentement le robinet de la bouteille pour que l'air pénètre dans la cartouche de secours. Lorsque vous n'entendez plus passer l'air, fermez les deux robinets. Appuyez sur le bouton de purge de la cartouche de secours pour éliminer l'air qui reste entre les deux robinets avant de désolidariser les deux bouteilles. Remettez la cartouche de secours en place sur le gilet stabilisateur et ouvrez brièvement le robinet pour vérifier la connexion avec le gilet.

1. Vérifiez que le joint torique du raccord bouteille-détendeur n'est pas fendu, qu'il n'y a ni cheveux ni sel, et passez un doigt humide dessus pour le nettoyer.
2. Ouvrez brièvement le robinet pour éliminer toute trace de poussière.
3. Raccordez le premier étage du détendeur (molette DIN ou étrier) à la bouteille et serrez.

Raccordez la bouteille de secours du gilet stabilisateur à la bouteille principale et remplissez-la lentement en ouvrant les deux robinets. Fermez ensuite les deux robinets et appuyez sur le bouton de purge de la bouteille de secours pour désolidariser les deux bouteilles.

Raccordement du gilet stabilisateur et du détendeur à la bouteille

Les gilets stabilisateurs sont dotés d'une ou plusieurs sangles qui passent autour de la bouteille, le dosseret de la stab étant en face de l'arrivée d'air de la bouteille, le haut du dosseret situé juste au-dessous de la robinetterie. Ne retirez pas complètement les sangles pour fixer la bouteille. Après avoir positionné la bouteille contre le dosseret, serrez les sangles pour bien la maintenir.

Remettez maintenant le premier étage du détendeur en place et vérifiez que le flexible basse pression du deuxième étage principal (celui avec lequel vous allez respirer) passe sur la bonne épaule et que le deuxième étage est bien à l'endroit. Raccordez le flexible basse pression à la stab et glissez-le dans les anneaux de fixation ou sous les Velcro. Ouvrez le robinet de la bouteille. Demandez à un ami de vous aider à porter le matériel et enfilez le gilet stabilisateur. Vérifiez que rien n'est coincé sous les bretelles et réglez-les, puis penchez-vous en avant et serrez la sangle ventrale. Penchez-vous ensuite en arrière et vérifiez que votre tête ne heurte pas le premier étage du détendeur. Si c'est le cas, c'est que ce dernier est trop haut. Vous pouvez le baisser en desserrant les bretelles du gilet, mais attention, car si elles sont trop lâches, vous risquez également de vous cogner la tête contre le premier étage en sautant à l'eau. Au besoin, descendez la bouteille dans les sangles du gilet.

Mettez alors l'embout du détendeur dans la bouche et essayez de respirer. Si la longueur du flexible du détendeur rend la prise en bouche inconfortable, desserrez les sangles et faites pivoter légèrement la bouteille vers la gauche ou vers la droite, jusqu'à ce que l'embout tienne bien en bouche.

L'entraînement en piscine

Vous voilà maintenant prêt à respirer sous l'eau. Placez l'embout du deuxième étage principal de votre détendeur dans la bouche, ajustez votre masque et glissez-vous dans le petit bain de la piscine. Avec le moniteur à vos côtés, tenez-vous au bord du bassin et mettez la tête sous l'eau en vous penchant en avant. Au début, vous aurez tendance à retenir votre souffle, puis vous allez vous détendre progressivement.

La première étape d'un cours de plongée est d'apprendre à respirer sous l'eau. Cette façon de respirer ne paraît pas forcément naturelle au départ, mais vous apprendrez vite à vous détendre et à respirer normalement.

Vous devez ensuite apprendre à vous lester correctement. Enfilez votre matériel (combinaison, palmes, masque, gilet stabilisateur, etc.) et vérifiez que vous savez détacher votre ceinture de lest rapidement en cas de problème. Commencez en accrochant un petit plomb à votre ceinture, enfilez-la et bouclez-la. Maintenant, penchez-vous en avant et laissez flotter vos jambes derrière vous. Il est peu probable qu'un seul plomb suffise. Continuez donc à en rajouter jusqu'à ce que votre corps commence à s'enfoncer doucement dans l'eau. Vous avez alors déterminé le lestage correct pour une plongée en eau douce avec le matériel que vous portez aujourd'hui.

Si vous plongez en eau de mer ou avec une combinaison plus épaisse, vous aurez besoin d'un lestage plus important. Entraînez-vous ensuite à détacher votre ceinture de lest d'une main.

Comment purger l'embout du détendeur

Entraînez-vous en piscine à vider votre masque et l'embout du deuxième étage de votre détendeur. Agenouillez-vous au fond du petit bain de la piscine de façon à pouvoir vous tenir debout la tête hors de l'eau en cas de problème.

S'il est bien en place dans votre bouche, l'embout du deuxième étage de votre détendeur ne laisse pas pénétrer d'eau, sauf si la soupape d'expiration est endommagée ou bien si du sable ou d'autres saletés l'empêchent d'être étanche. Si l'embout sort de votre bouche, le deuxième étage situé en aval de la soupape se remplit d'eau ; il suffit d'expirer par le détendeur avant d'inspirer pour chasser cette eau. Si votre deuxième

Pour vider l'eau du deuxième étage de votre détendeur, tenez l'embout au-dessus de votre tête et appuyez sur le bouton de purge.

étage comporte un haut et un bas bien différenciés, assurez-vous que vous mettez l'embout correctement en bouche, la soupape d'expiration en bas. S'il ne vous reste pas assez d'air pour chasser l'eau du deuxième étage, éliminez-la en sortant l'embout de votre bouche et en appuyant sur le bouton de purge. L'embout lui-même doit toujours être tourné vers le bas pour que l'air qui se trouve à l'intérieur du deuxième étage empêche l'eau de pénétrer. Pour ce faire, tenez le deuxième étage au-dessus de votre tête, l'embout en bas. Pressez ensuite le bouton de purge et inclinez la tête en arrière, pour pouvoir remettre l'embout en bouche sans devoir le relever. Une fois l'embout en bouche, expirez avant d'inspirer.

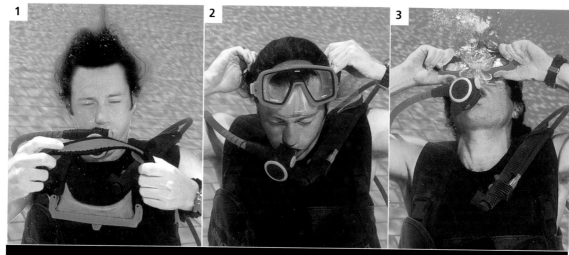

1. Pour mettre le masque, écartez la sangle et assurez-vous que le masque est à l'endroit.

2. Faites passer la sangle derrière la tête et mettez le masque en place sur votre visage, en veillant à ne pas coincer de cheveux à l'intérieur.

3. Inclinez la tête en arrière, appuyez sur la jupe supérieure du masque et expirez fortement par le nez pour faire sortir l'eau.

Comment vider son masque

Un masque finit toujours par prendre l'eau. Si votre masque est équipé d'une purge, vous pourrez éliminer l'eau en soufflant fortement par le nez. Les purges des masques ne sont cependant pas très fiables et, comme elles ont tendance à s'encrasser, elles sont souvent à l'origine de la pénétration d'eau dans le masque. Il est donc préférable d'incliner la tête en arrière, d'appuyer d'une main sur le bord supérieur du masque et de chasser l'eau par le bas en soufflant par le nez.

Pour vous entraîner, retirez-le complètement, vérifiez ensuite qu'il est à l'endroit, tenez la sangle d'une main et le hublot de l'autre. Posez le masque sur votre visage et passez la sangle derrière la tête. Inclinez ensuite la tête en arrière, appuyez sur le bord supérieur du masque et soufflez fort par le nez pour chasser l'eau. Répétez cette opération plusieurs fois dans une eau de plus en plus profonde.

Comment respirer à deux sur une bouteille

Avant de vous aventurer en eaux profondes, vous devez vous entraîner à respirer à deux sur une bouteille au cas où votre coéquipier ou vous-même tomberiez en panne d'air. Si vous avez constamment l'œil sur votre manomètre et commencez à remonter lorsque votre bouteille contient encore un quart de son air, vous ne devriez jamais manquer d'air sous l'eau. Toutefois, vous pouvez être confronté à un problème imprévu, un joint torique qui claque, une fuite soudaine ou la nécessité de nager à contre-courant par exemple, et devoir alors vous en remettre à une autre source d'air. La façon la plus simple de donner de l'air à un équipier est d'utiliser un détendeur de secours (octopus) relié au direct system du gilet stabilisateur, car chacun dispose ainsi de son propre détendeur.

Si vous manquez d'air, faites signe à votre équipier, puis prenez son détendeur de secours, vérifiez qu'il est à l'endroit et que l'embout est dirigé vers le bas. Purgez le dispositif, mettez l'embout dans votre bouche et expirez avant d'inspirer. Lorsque deux plongeurs respirent le même air, ils doivent se tenir l'un à l'autre par les bretelles des gilets stabilisateurs et remonter lentement.

En l'absence de détendeur de secours, entraînez-vous à l'échange d'embouts. Faites signe à votre équipier que vous manquez d'air, approchez-vous de lui et tenez-vous face à face en attrapant chacun fermement les bretelles du gilet de l'autre. Le plongeur qui a encore de l'air (le donneur) doit faire deux inspirations, puis amener son deuxième étage au niveau de la bouche de son partenaire (le receveur), l'embout dirigé vers le bas. Le receveur attrape alors le deuxième étage, met l'embout dans sa bouche, expire puis inspire deux fois avant de rendre l'embout au donneur. Et ainsi de suite jusqu'à ce que vous refassiez surface.

Il est plus facile de donner de l'air à un équipier si l'on dispose d'un détendeur de secours (octopus). Il est néanmoins indispensable de savoir partager un seul et même détendeur avec un autre plongeur.

Cet exercice est pratiqué dans l'éventualité d'une situation d'urgence lors de laquelle les deux plongeurs remonteraient lentement.

Le plongeur qui n'est pas en train d'utiliser l'embout doit expirer doucement. Une fois que les plongeurs sont à l'aise avec cet exercice, ils peuvent le refaire en nageant à l'horizontale.

Dans la réalité, le plongeur qui manque d'air a tendance à s'inquiéter, voire à paniquer. Si vous ne disposez pas d'un détendeur de secours très visible, il risque d'attraper l'embout que vous avez en bouche. Ne soyez pas surpris, préparez votre détendeur de secours et tenez-vous prêt à l'utiliser vous-même.

Le code de communication

L'IDÉAL SERAIT QUE LES SIGNES de la main utilisés pour communiquer sous l'eau soient uniformisés afin que tout individu puisse comprendre le signe que lui fait un autre plongeur. Malheureusement, ce n'est pas le cas et il existe des différences d'un organisme ou d'un pays à l'autre. Si vous plongez avec quelqu'un qui n'a pas suivi la même formation que vous, comparez toujours le code que vous utilisez avant de partir. En situation de stress, les plongeurs ont tendance à revenir aux signes qu'ils ont appris au départ. Il faut donc que vous sachiez reconnaître les signes que vous fera votre équipier ou votre moniteur.

TOUT VA BIEN ?/TOUT VA BIEN/SIGNAL REÇU

TOUT VA BIEN ?/TOUT VA BIEN/SIGNAL REÇU

J'AI UN PROBLÈME/ÇA NE VA PAS

VIENS VOIR/RAPPROCHE-TOI DE MOI

STOP/ARRÊTE-TOI/RESTE LÀ

DESCENDS/JE DESCENDS

DANS QUELLE DIRECTION ?

PAR LÀ

VAS-Y EN PREMIER/JE TE SUIS

MOI/REGARDE-MOI

REGARDE-MOI (VARIANTE)

CALME-TOI/DOUCEMENT

JE MANQUE D'AIR/JE SUIS SUR RÉSERVE

VA REJOINDRE TON ÉQUIPIER

TIENS-MOI LA MAIN

JE N'AI PLUS D'AIR

JE VAIS TE DONNER DE L'AIR/ DONNE-MOI DE L'AIR

JE VAIS TE DONNER DE L'AIR/ DONNE-MOI DE L'AIR (VARIANTE)

JE N'ARRIVE PAS À COMPENSER MES TYMPANS

REMONTE/JE REMONTE/ON REMONTE

AU SECOURS

Aller un peu plus profond

Vous êtes désormais prêt à vous aventurer dans des eaux plus profondes. Nagez jusqu'au grand bain, faites signe à votre moniteur pour lui indiquer que vous êtes sur le point de descendre et faites sortir tout excédent d'air de votre gilet stabilisateur. Il y a deux façons de descendre : la tête en haut ou la tête en bas. Quelle que soit la méthode utilisée, il est important d'être correctement lesté. Si vous êtes trop lourd, votre descente sera rapide et peut-être dangereuse. Vous risquez d'avoir des problèmes pour équilibrer vos oreilles ou vos sinus, de subir le plaquage du masque, et même de vous écraser sur des coraux vivants et de les tuer. Si vous êtes trop léger, vous allez sans doute devoir faire de gros efforts pour descendre, ce qui est fatigant. Si vous êtes sujet aux problèmes de compensation ou si vous portez quelque chose, il vous sera plus facile de descendre en position debout, la tête en haut. Si vous êtes correctement lesté, il vous suffira alors d'expirer fort pour commencer à descendre. Si vous n'avez pas de problèmes de compensation, vous pouvez descendre la tête la première en plongeant depuis la surface. Il est important de descendre lentement et de contrôler sa descente. Surveillez vos équipiers de façon à rester groupés mais sans vous cogner. Vous devez remonter plus lentement que les plus petites de vos bulles. Expirez en remontant et regardez au-dessus de vous pour ne pas vous cogner la tête dans un objet ou une personne qui se trouve en surface. Une fois à la surface, regardez autour de vous, gonflez si nécessaire votre gilet stabilisateur et faites signe que tout va bien à votre moniteur.

Mobilité et flottabilité

Pour pouvoir vous déplacer confortablement dans l'eau, vous devez avoir une flottabilité neutre. En effet, si vous flottez trop, vous aurez du mal à ne pas remonter, tandis que si vous ne flottez pas assez, vous aurez tendance à vous enfoncer. Vous devez donc avoir un poids suffisant pour vous éloigner de la surface sans devoir faire des efforts démesurés,

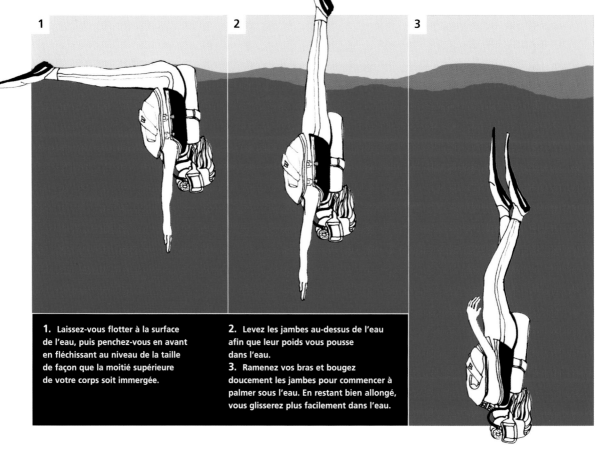

1. Laissez-vous flotter à la surface de l'eau, puis penchez-vous en avant en fléchissant au niveau de la taille de façon que la moitié supérieure de votre corps soit immergée.

2. Levez les jambes au-dessus de l'eau afin que leur poids vous pousse dans l'eau.

3. Ramenez vos bras et bougez doucement les jambes pour commencer à palmer sous l'eau. En restant bien allongé, vous glisserez plus facilement dans l'eau.

ROULADE AVANT : Départ debout, inspirez profondément pour augmenter votre flottabilité et lorsque votre corps se soulève, faites une roulade avant en ramenant l'eau vers vous avec vos mains et vos bras pour faciliter la bascule du corps. Lorsque vous êtes à nouveau en position debout, expirez pour faire chuter votre flottabilité.

RESTER IMMOBILE SOUS L'EAU : Vous pouvez contrôler votre flottabilité en jouant sur votre respiration. Lorsque votre flottabilité est neutre, vous pouvez rester immobile à la profondeur souhaitée.

Pour gonfler votre gilet stabilisateur par la bouche, inspirez en utilisant votre détendeur, puis expirez dans l'embout fixé à l'extrémité du flexible de la stab et renouvelez l'opération jusqu'à ce que le gilet soit gonflé.

mais ne pas être trop lourd car vous allez descendre trop vite. Près de la surface, vous flottez presque, mais au fur et à mesure que vous descendez, votre flottabilité diminue car votre équipement se comprime. Une légère chute de la flottabilité peut être compensée par la respiration. Ainsi, en inspirant largement, vous gonflez vos poumons et augmentez votre flottabilité. De fortes expirations ou une respiration superficielle entraînent en revanche la contraction de votre cage thoracique, ce qui réduit votre flottabilité. Au fur et à mesure que vous descendez, vous devez compenser votre perte de flottabilité en gonflant votre gilet stabilisateur. En remontant, vous devez au contraire purger l'air de votre stab.

De même, si vous restez longtemps sous l'eau, vous devez purger votre stab pour compenser la flottabilité accrue de votre bouteille (qui contient moins d'air). Pour gonfler votre gilet, appuyez sur le bouton du direct system. Si vous voulez le gonfler à la bouche lorsque vous êtes sous l'eau, déclipez le flexible annelé et inspirez avec votre détendeur. Retirez ensuite l'embout de votre bouche, remplacez-le par l'embout du flexible annelé, puis appuyez sur le bouton de purge de la stab avant d'expirer dans le flexible annelé. Comme vous devrez peut-être répéter cette opération plusieurs

fois, relâchez le bouton de purge de la stab avant de retirer son embout pour reprendre le détendeur, sinon de l'air va s'en échapper et de l'eau va y pénétrer. Pensez à purger le détendeur avant de le remettre en bouche. Plusieurs exercices vous apprendront à contrôler par la respiration les petites variations de flottabilité. Éloignez vos pieds du fond et essayez de vous détendre. Vous constaterez que de grandes inspirations vous font remonter tandis que de profondes expirations vous font descendre. Jouez alors sur votre respiration de façon à apprendre à rester à une profondeur constante.

Décapelage et recapelage

Pour apprendre à retirer et à remettre votre gilet stabilisateur, votre bouteille et votre détendeur, commencez par vous agenouiller au fond de la piscine. Gardez l'embout du détendeur en bouche et retirez le gilet. Posez le gilet et la bouteille au fond de la piscine. Vous n'aurez aucun problème de flottabilité tant que vous gardez votre ceinture de lest sur vous. Prenez une inspiration

profonde. Coupez ensuite l'arrivée d'air, retirez de votre bouche l'embout du deuxième étage de votre détendeur et posez-le sur la bouteille. Lâchez ensuite la ceinture de lest et nagez jusqu'à la surface. Pendant que vous faites des battements de pied, repérez l'endroit où se trouve votre ceinture de lest. Pour le recapelage, prenez une inspiration moyenne, plongez jusqu'à la ceinture et posez-la sur l'un de vos genoux.

moyenne, coupez l'arrivée d'air, retirez l'embout du détendeur de votre bouche, posez-le sur la bouteille et faites signe que tout va bien à votre moniteur. Recommencez l'exercice à l'envers. Ouvrez l'arrivée d'air, maintenez l'embout tourné vers le bas et purgez-le. Inclinez la tête en arrière,

COMMENT RETIRER SON GILET STABILISATEUR ET SA BOUTEILLE

1. Desserrez les bretelles du gilet stabilisateur.
2 et **3.** Retirez une bretelle après l'autre, détachez la sangle ventrale et quittez le gilet.
4. Posez le gilet et la bouteille devant vous au fond de la piscine.

mettez l'embout dans la bouche, puis expirez avant d'inspirer. Enfilez ensuite les bretelles du gilet, soulevez le gilet et la bouteille et faites-les passer derrière votre dos. Attachez la sangle ventrale, vérifiez qu'elle ne gêne pas l'ouverture de la boucle de sécurité de votre ceinture de lest, et faites à nouveau signe à votre moniteur que tout va bien. Une fois que vous êtes à l'aise avec cet exercice, vous pouvez tenter un décapelage/recapelage complet. Retirez votre gilet stabilisateur, votre bouteille, votre masque et le premier étage de votre détendeur. Enlevez votre ceinture de lest en dernier, mais gardez-la à la main pendant que vous faites une inspiration

Ouvrez l'arrivée d'air tout en tenant le deuxième étage du détendeur, l'embout tourné vers le bas. Purgez-le pour éliminer l'eau avant de le mettre en bouche, puis expirez avant d'inspirer.

Maintenant que vous pouvez respirer et que vous êtes lesté, récupérez votre masque, videz-le, remettez-le en place, enfilez votre gilet stabilisateur et faites signe à votre moniteur que tout va bien.

La plongée en binôme

PAR MESURE DE SÉCURITÉ, on ne plonge jamais seul, mais au moins en binôme. Chacun contrôle le matériel de l'autre, les deux équipiers se surveillant mutuellement, de façon à se rendre immédiatement compte que l'autre a besoin d'aide. Avant de partir plonger en binôme, assurez-vous que :

■ chacun comprend le code de communication de l'autre ;

■ l'arrivée d'air de chacun est ouverte à fond ;

■ les bouteilles sont pleines ;

■ le harnais de la stab et le lestage ne coincent pas d'autres accessoires. Si l'un de vous a un système de lestage intégré, vérifiez que vous savez bien le larguer tous les deux ;

■ les direct systems sont correctement raccordés au gilet stabilisateur et éventuellement à la combinaison sèche ;

■ vous savez tous les deux gonfler et dégonfler le gilet stabilisateur de l'autre (ou sa combinaison sèche) ;

■ chacun a un ordinateur de plongée ou une montre étanche, un profondimètre et des tables de plongée ;

■ chacun a un masque, des palmes, un tuba à sa taille, un poignard et un compas ;

■ aucune sangle ne ballotte et aucun flexible n'est coincé ;

■ vous savez tous les deux ce que vous devez faire en cas de séparation.

Une fois dans l'eau, vérifiez que le matériel de votre équipier n'est pas endommagé, puis indiquez-vous par signe que tout va bien (signalez-le également à tout équipier resté à bord du bateau). Faites ensuite tous les deux le signe indiquant que vous allez descendre et précisez à votre équipier que vous êtes prêt, puis descendez ensemble.

Respectez les règles suivantes :

■ ne vous éloignez pas l'un de l'autre. Si l'un de vous a du mal à compenser la pression de ses oreilles ou de ses sinus, arrêtez-vous et attendez d'être tous les deux en mesure de continuer ;

■ si l'un de vous installe une bouée de signalisation, l'autre doit se tenir à l'opposé pour éviter de s'accrocher dans le fil ;

■ si l'un de vous veut changer de direction, il doit le signaler à l'autre et attendre son accord ;

■ lorsque la plongée est terminée, donnez le signal de remontée et restez ensemble pendant que vous remontez lentement ;

■ en cas de mauvaise visibilité, attachez-vous par une corde pour être sûr de ne pas vous séparer ;

■ si vous perdez votre équipier de vue, cherchez-le. Si vous ne vous êtes pas retrouvés au bout d'une minute, remontez lentement et réunissez-vous en surface.

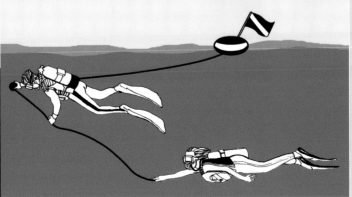

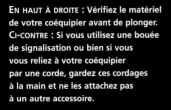

EN HAUT À DROITE : Vérifiez le matériel de votre coéquipier avant de plonger. CI-CONTRE : Si vous utilisez une bouée de signalisation ou bien si vous vous reliez à votre coéquipier par une corde, gardez ces cordages à la main et ne les attachez pas à un autre accessoire.

Pour plonger en mer

En mer, vous allez vous aventurer dans un environnement qui présente des dangers potentiels en surface : bateaux, scooters des mer, planches à voile, et houle. Pour effectuer une remontée sans risques, vous devez :

■ donner le signal de remontée à votre coéquipier et attendre son signal de confirmation en retour ;

■ regarder vers le haut et palmer doucement en direction de la surface ;

■ vous regarder mutuellement de façon à ne pas vous éloigner l'un de l'autre ;

■ remonter plus lentement que les plus petites de vos bulles et ne pas oublier d'expirer ;

En remontant, faites pivoter votre corps de façon à regarder de tous les côtés. Tendez un bras au-dessus de la tête lorsque vous approchez de la surface pour vous protéger des bateaux et autres engins de navigation.

■ remonter en tournant pour regarder autour de vous ;

■ dégonfler votre stab autant que nécessaire pendant votre remontée ;

■ tendre un bras au-dessus de la tête pour vous protéger de toute embarcation que vous n'auriez pas vue ;

■ une fois à la surface, regarder dans tous les sens pour vérifier s'il n'y a pas d'embarcation en vue ;

■ à la surface, gonfler votre gilet stabilisateur ;

■ faire signe que tout va bien à votre équipier et aux personnes restées sur le bateau ou sur le rivage ;

■ nager jusqu'au rivage ou au mouillage (ou bien attendre que le bateau vienne vous chercher).

Certains gilets sont équipés d'une cartouche de dioxyde de carbone (CO_2) à usage unique pour gonfler la stab en surface, tandis que d'autres comportent une bouteille de secours reliée à la stab, que l'on remplit avant chaque plongée. Vous pouvez en outre gonfler votre gilet à la bouche (voir p. 57).

Jusqu'à présent, vous vous êtes entraîné en piscine, dans des conditions idéales, et peut-être sans porter de combinaison. Les combinaisons en Lycra modifient peu la flottabilité, mais ce n'est pas le cas des autres types de combinaison. Vous devrez tester de nouveau votre flottabilité après avoir choisi le modèle qui vous convient pour votre sortie en mer.

Pour votre première plongée en mer, votre moniteur vous informera de l'organisation de la plongée, indiquant la profondeur à laquelle vous pouvez descendre et pendant combien de temps, les exercices que vous devez éventuellement effectuer et les solutions de repli en cas de problème.

Vérifiez le matériel de votre équipier, puis entrez dans l'eau et contrôlez-le à nouveau. Si tout va bien, descendez jusqu'à la profondeur convenue et effectuez les exercices prévus. S'il y a du courant, commencez par nager à contre-courant pour que le courant vous ramène à votre point de départ au retour.

Lorsque votre plongée est terminée, commentez-la avec votre moniteur. N'ayez pas peur de poser des questions sur tout ce qui ne vous semble pas clair. Nous vous rappelons qu'un débutant ne doit jamais plonger en mer sans un moniteur.

S'orienter sous l'eau

Les plongeurs utilisent souvent les rochers, coraux, gorgones ou encore les ondulations de sable parallèles au rivage pour se repérer sous l'eau. Toutefois, lorsque le sol est nu, il est indispensable d'avoir un compas.

La ligne médiane du compas est positionnée dans le sens du déplacement du plongeur. L'aiguille magnétique étant sensible, tenez votre compas à l'écart de votre matériel lorsque vous le consultez. Montez votre compas en console ou bien tenez-le à deux mains dans l'alignement de votre corps mais en l'éloignant le plus possible de vous.

L'un des points importants de la plongée est de retrouver son chemin jusqu'à son point de départ. Vous pouvez toujours remonter à la surface et nager jusqu'à

Les éléments d'un compas

Un compas comporte une ligne médiane (appelée « ligne de foi ») qui marque les extrémités de son axe longitudinal, une aiguille aimantée qui indique le nord magnétique et une couronne graduée que l'on alignera sur l'aiguille qui indique le nord.

Le compas est divisé en 360° (degrés), les graduations partant du 0 qui indique le nord. 90° indiquent l'est, 180° le sud, 270° l'ouest et 360°, confondu avec 0°, le nord à nouveau.

votre point de mouillage, ou essayer d'attirer l'attention de l'équipage et leur demander de venir vous chercher. Toutefois, si la houle ou les vagues sont fortes, l'équipage du bateau aura du mal à vous voir. Par ailleurs, même en eau calme, il est plus fatigant de nager en surface que sous l'eau car la progression risque d'être ralentie par le vent ou les courants. Il est tentant de remonter à la surface, de jeter un coup d'œil et de regarder sur le compas la direction à prendre, puis de redescendre pour nager sous l'eau. Il est cependant déconseillé de le faire plus d'une fois, car vous risquez un accident de décompression. Dans ce cas, certains ordinateurs de plongée cessent de fonctionner jusqu'à ce qu'ils estiment qu'un temps de pause suffisant s'est écoulé en surface.

Il y a trois façons de s'entraîner à utiliser un compas. Pour estimer la distance parcourue dans une direction déterminée, comptez le nombre de coups de palme nécessaires pour la parcourir et notez-le sur une ardoise de plongée. Commencez par un trajet aller-retour tout simple, en choisissant un moment où il n'y a pas de courant et suivez un cap sans changer de direction, en mémorisant tout élément distinctif du fond. Une fois le but atteint, faites demi-tour en ajoutant 180° à la graduation du compas. Vous avez déterminé ainsi le cap à suivre pour le retour, et vous allez retrouver les indices naturels que vous aviez repérés à l'aller.

Pour effectuer un trajet triangulaire, vous devrez effectuer deux virages. Choisissez un cap avec le compas et effectuez un nombre précis de coups de palme, ou bien palmez pendant un temps donné, puis faites un virage à droite à 120° en ajoutant 120° à la première graduation et effectuez le même nombre de coups de palme ou palmez pendant le même temps. Effectuez un second virage à droite à 120° en ajoutant à nouveau 120° à la graduation du compas et revenez à votre point de départ. Pour un trajet rectangulaire enfin, vous devrez effectuer trois virages à angle droit (90°) en nageant pendant le même temps donné pour chacun des trajets parallèles.

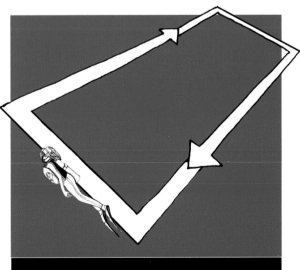

Les plongeurs qui effectuent un trajet rectangulaire font trois virages à angle droit (90°). Ils doivent veiller à couvrir la même distance ou à nager pendant le même temps donné sur les trajets parallèles.

L'apprentissage en mer

Une bonne expérience de la mer contribue largement à faire de la plongée un moment de plaisir en toute sécurité.

Les marées et les courants

La connaissance des marées permet au plongeur de choisir le meilleur moment pour plonger : en effet, si les marées de morte-eau et la mer étale sont parfaites pour les plongées faciles ou la photographie sous-marine, les marée de vive-eau et les périodes de mi-marée permettent souvent de rencontrer la faune pélagique.

Les marées sont dues à l'action combinée de la rotation de la terre et de l'attraction qu'exercent la lune et, dans une moindre mesure, le soleil sur les masses fluides du globe. Un cycle (de marée haute à marée basse, puis à nouveau marée haute) dure généralement 12 heures environ.

Les grandes marées ou marées de vive-eau se produisent deux fois par mois, au moment de la nouvelle lune et de la pleine lune.

Les marées d'équinoxe ont lieu au moment de la nouvelle lune et de la pleine lune les plus proches de l'équinoxe, en mars et en septembre. Les marées de morte-eau, dont l'amplitude et la puissance sont minimales, surviennent pour leur part deux fois par mois, lorsque la lune en est à son premier et à son dernier quartiers. Partant de la terre ou d'un récif, la marée descendante, appelée jusant ou reflux, est parfois chargée de sédiments, ce qui réduit la visibilité sous-marine. Le flux ou flot correspond à la marée montante. À mi-marée, le courant est fort, surtout si l'eau a parcouru une grande distance en pleine mer sans obstacles pour la freiner.

Lorsque la marée change de sens, que ce soit à marée haute ou à marée basse, la mer reste étale pendant un court moment (courant faible, voire inexistant). Les tables des marées locales vous permettront de calculer l'heure des différentes marées.

Les variations de la température de l'eau, le vent ou la chaleur solaire sur un récif peu profond peuvent aussi créer des courants.

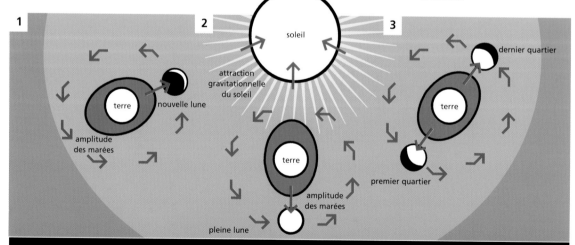

1. NOUVELLE LUNE : Lune et soleil alignés et en conjonction. L'attraction combinée qu'ils exercent sur les fluides terrestres provoquent les vives-eaux les plus importantes. Le marnage (c'est-à-dire l'amplitude de la marée) est maximal.

2. PLEINE LUNE : Soleil et lune alignés. Bien qu'il soient en opposition, cela provoque de grandes marées.

3. PREMIER ET DERNIER QUARTIERS DE LA LUNE : Le soleil et la lune ne sont pas alignés, ils sont en quadrature. Période de marées de morte-eau (marnage minimal).

Les différentes techniques de mise à l'eau

Depuis une plage

Il y a deux façons de pénétrer dans l'eau depuis une plage : soit vous enfilez d'abord vos palmes, puis vous entrez dans l'eau à reculons jusqu'à ce que vous puissiez vous retourner et nager, soit vous entrez dans l'eau en gardant les palmes à la main jusqu'à ce que vous ayez de l'eau à la poitrine, puis vous les enfilez en vous appuyant sur votre équipier. Pour sortir de l'eau, il suffit de procéder de la façon inverse.

Depuis un rocher

Il est indispensable d'avoir une bonne connaissance des marées locales. Le jusant peut en effet faire baisser le niveau de l'eau de façon importante, et les rochers risquent alors d'être trop hauts pour que vous puissiez ressortir de l'eau une fois votre plongée terminée.

Portez des bottillons à semelle dure et faites plusieurs voyages jusqu'au rivage. Ayez toujours une main libre pour pouvoir garder l'équilibre. Choisissez un rocher stable pour enfiler vos palmes, puis asseyez-vous sur le bord et laissez-vous glisser dans l'eau. Ne vous jetez à l'eau que si elle est claire et profonde. Entrez dans l'eau

Lorsqu'il y a de la houle, les plongeurs préfèrent généralement enfiler leurs palmes d'abord et entrer dans l'eau à reculons.

au sommet d'une vague, puis palmez vigoureusement pour permettre au ressac de vous entraîner loin des rochers.

Inversement, sortez de l'eau en vous laissant porter par une vague qui vous hissera sur les rochers. Si votre tentative échoue, attendez la vague suivante et recommencez. Évitez d'entrer ou de sortir de l'eau par un étroit couloir rocheux, car la houle y est plus importante.

Asseyez-vous sur un rocher, puis ajustez votre masque et vos palmes avant de vous mettre à l'eau en vous aidant de vos mains.

Mise à l'eau depuis un ponton

IL Y A DEUX FAÇONS de se mettre à l'eau à partir d'un ponton, le saut droit ou la bascule en avant.

Dans le premier cas (photos du haut), gonflez légèrement votre gilet stabilisateur, puis vérifiez que votre coéquipier est prêt lui aussi et que le champ est libre. Maintenez votre masque et l'embout du détendeur en place d'une main, et de l'autre maintenez la sangle ventrale du gilet vers le bas pour que la bouteille ne vous cogne pas la tête lorsque vous atteignez l'eau. Faites un grand pas en avant pour que la bouteille ne heurte pas le ponton. Éloignez-vous pour permettre aux autres plongeurs de se mettre à l'eau.

Si le ponton est à moins d'un mètre de hauteur, vous pouvez effectuer une bascule avant (photos du bas). Inutile dans ce cas de tenir votre matériel avec les mains, ce qui vous permet de porter d'autres accessoires.

Pour sortir de l'eau, utilisez l'échelle du ponton. Attendez si possible que l'eau soit assez calme pour pouvoir retirer vos palmes avant de monter.

1. Tenez le masque et le deuxième étage principal du détendeur d'une main, de l'autre poussez la sangle ventrale de votre stab vers le bas.

2. Faites un grand saut en avant, de façon que votre bouteille ne heurte pas le bord du ponton.

3. Ne bougez pas les mains tant que vous n'êtes pas remonté à la surface, puis repérez votre coéquipier et éloignez-vous du ponton.

1. Vous pouvez faire une bascule avant si le ponton ne fait pas plus d'un mètre de hauteur.

2. Penchez-vous vers l'avant pour que votre dos pénètre dans l'eau en premier.

3. Rentrez la tête et pliez les genoux au moment de pénétrer dans l'eau.

Mise à l'eau depuis un bateau

Lorsque la plongée s'effectue depuis un bateau, il est essentiel que le responsable, qu'il s'agisse du skipper du bateau ou du moniteur de plongée, s'assure qu'aucun plongeur n'a été oublié avant que le bateau ne s'en aille.

Les bateaux pneumatiques et autres petites embarcations

Il n'y a généralement pas la place de bouger sur un petit bateau, de sorte que les plongeurs enfilent généralement tout leur équipement, à l'exception du masque et des palmes, avant de monter. Le plus sûr est de garder votre masque autour du cou. Une fois que vous êtes à bord, faites de la place pour que les autres puissent monter, asseyez-vous et enfilez vos palmes. Une fois le site de plongée atteint, l'idéal est que les plongeurs se

Comme on manque généralement de place sur une petite embarcation, il est conseillé aux plongeurs de s'équiper avant de monter à bord. Ils doivent par ailleurs attendre le signal du pilote pour se mettre à l'eau.

faisant face se jettent à l'eau deux par deux pour éviter un tangage excessif. Le pilote s'assure que le champ est libre derrière les deux plongeurs avant de les autoriser à sauter.

Avant de vous mettre à l'eau, enfilez vos palmes, puis ajustez votre masque et mettez l'embout du détendeur dans la bouche. Vérifiez que le robinet de votre bouteille est ouvert, que le champ est libre derrière vous et que vos palmes ne risquent pas de s'accrocher sur le fond du bateau. Maintenez votre masque et l'embout de votre détendeur en place d'une main, et au signal, basculez en arrière, les jambes jointes. Une fois dans l'eau, rejoignez votre équipier et éloignez-vous du bateau pour que les autres plongeurs puissent se mettre à l'eau.

Pour sortir de l'eau, accrochez-vous d'une main à l'un des côtés du bateau (ou à la main courante du bateau pneumatique), et de l'autre détachez votre ceinture de lest et faites-la passer dans le bateau. Si votre lest est intégré à votre gilet stabilisateur, laissez-le en place.

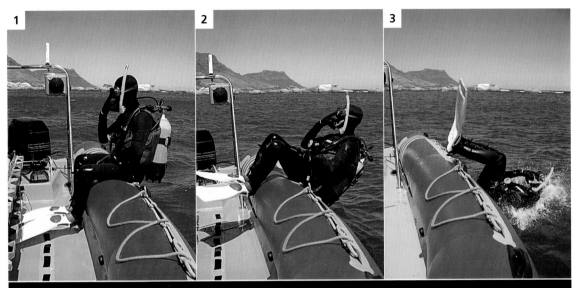

1. Maintenez d'une main votre masque et l'embout de votre détendeur en place et poussez de l'autre la sangle ventrale de votre gilet vers le bas.

2. Vérifiez que vos palmes ne risquent pas de s'accrocher avant de vous jeter à l'eau en basculant en arrière.

3. Continuez à tenir votre masque, votre détendeur et votre gilet jusqu'à ce que vous flottiez à la surface.

Détachez ensuite la sangle ventrale de votre gilet stabilisateur, desserrez ou détachez l'une des bretelles, retirez l'embout du détendeur de votre bouche et sortez votre bras libre du gilet. Une personne à bord du bateau peut alors attraper votre gilet, votre détendeur et votre bouteille, à moins que vous ne les accrochiez à un pendeur (corde) relié au bateau et que vous les récupériez une fois à bord. Vous portez encore votre masque et vos palmes.

Appuyez-vous sur le bord du bateau, puis soulevez-vous à la force des bras tout en effectuant un vigoureux palmage à la verticale. Cela vous donnera de l'élan pour vous soulever. Une fois à bord, retirez votre masque et vos palmes, récupérez votre matériel et allez vous asseoir pour permettre aux autres plongeurs de remonter à leur tour. Le fond du bateau étant alors jonché d'équipement et d'accessoires, nous vous conseillons de garder votre masque autour du cou pour limiter les risques de casse.

CI-CONTRE : Si votre ceinture de lest est détachable, retirez-la et faites-la passer à une personne qui se trouve à bord du bateau, en veillant à ne pas la faire tomber dans l'eau.

La navigation en surface

Si vous plongez près du rivage, vous n'aurez généralement aucun mal à localiser le site de la plongée car il est habituellement visible ou repérable depuis le point de départ. La localisation d'un site de plongée au large n'est en revanche pas si simple.

Bien que les appareils GPS (de l'anglais *Global Positioning System*) deviennent abordables, la plupart des plongeurs s'en remettent encore aux « amers » et à la méthode de l'alignement lorsque leur site de plongée est visible depuis la côte. « Prendre des amers » consiste à trouver sur le terrain (ou sur la carte) deux alignements dont l'intersection est à la verticale du site de plongée choisi. Chaque alignement est défini par la ligne qui relie deux amers remarquables.

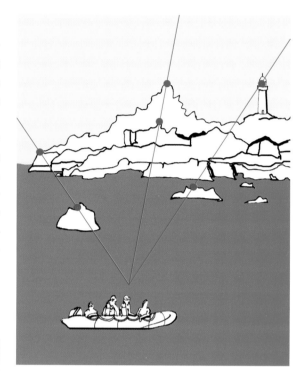

Système GPS *(Global Positioning System)*

Aujourd'hui, il est possible de localiser un site de plongée qui ne présente aucun point de repère émergeant, à l'aide d'un récepteur GPS. Si un appareil GPS n'est pas assez précis pour permettre aux plongeurs de repérer une petite épave, il leur donnera cependant les moyens de s'en approcher suffisamment pour la localiser à l'aide d'un sondeur.

■ On dénombre vingt-quatre satellites NAVSTAR en orbite, chacun transmettant sa position précise et l'heure exacte. Les récepteurs GPS doivent être en liaison directe avec au moins trois de ces satellites pour pouvoir localiser un point. Il est préférable d'utiliser les données de quatre satellites, car on obtient alors forcément les coordonnées d'un volume au lieu de données convergeant sur un seul point. Un récepteur GPS civil peut calculer sa longitude et sa latitude à 100 mètres près.

■ N'oubliez pas toutefois que tout appareil qui fonctionne avec des piles ou des batteries peut tomber en panne. En outre, tout opérateur est susceptible de faire une erreur. Avant de vous en remettre au système GPS pour naviguer dans les endroits reculés, il est donc indispensable d'apprendre à naviguer selon les méthodes classiques.

HAUT : Comme le montre le schéma ci-dessus, l'emplacement du site de plongée se trouve à l'intersection des lignes de mire visant des repères fixes évidents.
BAS : Les récepteurs GPS ont révolutionné le repérage des sites de plongée situés loin du rivage.
Photo : Garmin

Un exposé détaillé avant la plongée est indispensable.

La planification des plongées

Toute plongée doit être planifiée. Avant l'immersion, le responsable doit vous faire un exposé détaillé, vous indiquant la durée prévue de la plongée, les conditions météorologiques et les courants, ce que vous êtes censé voir au cours de la plongée, la profondeur que vous êtes supposé atteindre et le moment où vous devez remonter.

N'oubliez pas de tenir compte de votre état général, de votre consommation d'air, de la profondeur et de la durée des plongées précédentes et du temps écoulé en surface depuis la dernière. Pensez également aux plongées que vous envisagez par la suite. La première plongée de la journée doit toujours être la plus profonde, et chacune des immersions suivantes effectuées ce jour-là doit être moins profonde que la précédente.

Les tables de plongée ou de décompression

Comme l'organisme met un certain temps à absorber et à éliminer l'azote, il est possible de plonger et de remonter à la surface avant que le corps ait des problèmes de surcharge azotée. De retour à la surface, l'excès d'azote sera rejeté par l'organisme. Cependant, si le plongeur entreprend de replonger trop tôt, ses tissus présenteront dès le départ un excès d'azote.

Des études ont permis d'établir pour chaque profondeur un temps de sécurité en deçà duquel le risque d'accident de décompression est minimal. Ces limites partent du principe que le plongeur effectue une remontée continue à une vitesse raisonnable, la remontée étant elle-même une forme de décompression.

C'est sur les résultats de ces études que sont fondées les tables de plongée qui permettent de calculer pour une profondeur donnée la durée maximale d'une plongée sans paliers. Si ce temps est dépassé, les tables indiquent la profondeur et la durée des paliers de décompression à marquer au cours de la remontée pour permettre une désaturation en sécurité. Toutes les tables de plongée indiquent la vitesse maximale à

Le saviez-vous ?

Le sang d'un plongeur qui a chaud circule plus vite, ce qui intensifie les échanges d'azote entre le sang et les tissus. Le risque d'accident de décompression est donc plus élevé en eau chaude.

laquelle un plongeur doit remonter, ainsi que le temps minimal à respecter avant d'entreprendre une autre plongée (intervalle de surface), pour que le taux d'azote ait suffisamment baissé dans l'organisme. Elles vous permettront également de déterminer l'impact de cet intervalle sur votre prochaine plongée du fait de la quantité résiduelle d'azote dans vos tissus (correction ou majoration).

Les principales fédérations de plongée et certains organismes officiels impriment leurs tables de plongée sur des tablettes en plastique pour qu'elles soient utilisables sous l'eau. Elles ont toutes les mêmes fonctions, mais aucune ne peut garantir un risque nul d'accident de décompression, car chaque individu est différent.

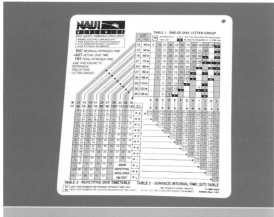

HAUT : La plupart des écoles de plongée élaborent leurs propres tables de plongée (ici, celle de la NAUI). Il est vivement conseillé aux amateurs d'utiliser celle avec laquelle ils ont appris à plonger.
BAS : Une table de plongée permet au plongeur de calculer facilement son temps d'immersion sans paliers.

Pour pouvoir utiliser correctement une table de plongée, les plongeurs doivent être en mesure de connaître la durée de leur immersion, la profondeur maximale atteinte, leur profondeur exacte en temps réel, et le temps passé à tout palier de décompression indiqué.

Une fois de retour à la surface, celui qui souhaite plonger à nouveau le même jour ou au cours des 16 heures suivantes doit non seulement chronométrer l'intervalle, mais aussi calculer à l'aide de la table de plongée un facteur de majoration, proportionnel à l'excédent d'azote encore présent dans son organisme. C'est en combinant ce facteur correcteur et l'intervalle que le plongeur peut déterminer la table qu'il devra consulter pour sa prochaine immersion. Si la durée de l'intervalle ou la profondeur ne correspondent pas aux valeurs portées sur sa table, il est préférable d'utiliser les valeurs immédiatement supérieures. Il existe enfin des tables spéciales pour la plongée en altitude et la plongée au Nitrox.

Les plongées successives

Si un intervalle de plus de 16 heures s'est écoulé depuis votre dernière plongée, vous pouvez estimer qu'il n'y a plus d'excédent d'azote dans votre organisme et considérer l'immersion suivante comme une première plongée. En revanche, une immersion survenant moins de 16 heures après la première est considérée comme une plongée successive. Il est facile de calculer la profondeur et la durée maximales de cette immersion à partir des tables de plongée, en sachant que la profondeur de toute plongée successive doit toujours être inférieure à celle de l'immersion précédente.

Si les tables élaborées par certains organismes de plongée de loisir autorisent plusieurs plongées successives sur une même journée, celles des marines nationales française, britannique et américaine, ainsi que celle du ministère du Travail français n'en permettent que deux. Si vous effectuez des plongées successives sur une période de plusieurs jours, faites une pause d'au moins 24 heures au bout de quatre jours pour permettre à votre organisme d'éliminer tout résidu d'azote.

Les plongées avec paliers de décompression

Les plongeurs amateurs ne devraient pas effectuer d'immersions de ce type. Toutefois, il arrive que pour une rai-son ou une autre un plongeur dépasse son temps limite d'immersion sans paliers à une profondeur donnée. Dans ce cas, il doit absolument marquer des paliers de décompression lors de sa remontée de façon à laisser à son organisme le temps d'éliminer l'excédent d'azote.

La durée et la profondeur de ces paliers varient d'une table à l'autre. Si l'individu n'a pas plongé très profon-dément ni très longtemps, un seul palier suffit, générale-ment à 3 mètres de profondeur. Si en revanche la plon-gée a été assez profonde ou si le temps limite a été largement dépassé, il devra effectuer des paliers supplé-mentaires plus profonds (6 mètres, 9 mètres...), suivis d'un palier plus long à 3 mètres. Si la houle est assez forte, il est souvent plus facile de marquer un palier en profondeur qu'à proximité de la surface.

Si vous prévoyez une dernière plongée en fin de jour-née, limitez-la à une profondeur de 6 mètres, car cela n'augmente pas votre charge d'azote.

La fin d'une plongée

Que vous ayez marqué des paliers de décompression ou non, toute plongée doit se terminer par un palier de sécurité de 5 minutes entre 3 et 6 mètres de profon-deur. Si les conditions sont difficiles ou en cas de forte houle, il est parfois difficile de rester à 3 mètres ; on conseille alors d'effectuer un palier à 5 mètres.

Des situations particulières

La plupart des calculs de décompression se basent sur la pression atmosphérique qui règne au niveau de la mer. Si vous plongez en altitude (dans un lac de montagne par exemple), tenez-en compte en utilisant des tables ou un ordinateur de plongée spécialement adaptés.

Si vous prenez l'avion avant que votre organisme ait eu le temps d'éliminer l'excédent d'azote, la pression réduite qui règne dans la cabine de l'appareil risque d'entraîner la formation de grosses bulles. Les médecins recommandent donc d'attendre 24 heures après une plongée sans paliers et 48 heures après une immersion avec paliers de décompression, avant de prendre l'avion.

Plongeurs effectuant leur palier de sécurité de 5 minutes.

Les ordinateurs de plongée

Les ordinateurs de plongée permettent aux plongeurs de gagner du temps car ils n'ont plus besoin de calculer eux-mêmes leur temps d'immersion à partir des tables de plongée. Ces appareils sont particulièrement utiles pour mettre au point le profil de votre prochaine plongée et très précieux si vous voulez plonger plus de deux fois dans la même journée ou avec des mélanges enrichis. Certains ordinateurs sont capables de déterminer la salinité de l'eau, tandis que d'autres sont calibrés soit pour l'eau douce, soit pour l'eau salée.

De nombreux modèles fournissent également les informations que donnent les autres instruments, à l'exception du compas. Certains ordinateurs intègrent également votre consommation d'air : reliés à la sortie haute pression du premier étage par un flexible haute pression ou encore par liaison infrarouge, ils déterminent la quantité d'air restant à la profondeur à laquelle vous vous trouvez ainsi que votre consommation en temps réel. Enfin, ils mesurent le temps et la profondeur et analysent ces variables sur la base des tables de plongée pour calculer le temps de décompression ou de plongée sans paliers.

La plongée assistée par ordinateur

Achetez un ordinateur de plongée dont l'affichage est assez grand pour que la lecture des données sous l'eau soit aisée. Choisissez par ailleurs un modèle simple, utilisable même dans le cas d'une légère narcose à l'azote ou en période de stress, car le moment ne sera pas propice pour tenter de comprendre des icônes ambiguës.

Ne gaspillez pas votre argent pour acheter des protections d'écran. Utilisez plutôt un ruban adhésif transparent, large et étanche, facile à remplacer.

Choisissez un modèle qui se met automatiquement en marche à 1 mètre de profondeur, vous ne risquez pas d'oublier de l'allumer. Optez pour un ordinateur qui émet un signal sonore à chaque fois que vous enfreignez les règles de la plongée. Si vous le portez au poignet, ne faites pas de grands gestes, car l'ordinateur, croyant que vous remontez trop vite, se mettrait alors à sonner.

Les amateurs de photographie sous-marine, ayant généralement les mains prises par leur matériel, ont du mal à consulter un ordinateur monté en console. Un modèle porté au poignet leur convient mieux. Un écran lumineux est par ailleurs plus lisible dans la pénombre.

Les fabricants utilisent divers algorithmes. Si l'ordinateur de votre équipier affiche des temps différents, fiez-vous à ceux fournis par votre appareil. En effet, votre ordinateur tient compte de votre charge totale d'azote accumulée sur plusieurs plongées, pas forcément effectuées avec le même équipier.

Ne plongez pas jusqu'aux limites de votre ordinateur, et n'oubliez pas que mauvaise forme physique, problèmes circulatoires, fatigue, déshydratation, froid et consommation de drogues (y compris alcool ou caféine) augmentent les risques d'accident de décompression.

EN HAUT À GAUCHE : Ordinateur de plongée intégré avec compas. EN HAUT À DROITE ET CI-DESSUS : Conçus pour être utilisés lorsque l'on respire de l'air comprimé, ces ordinateurs de plongée enregistrent diverses données en temps réel, comme la profondeur, le temps écoulé depuis la mise à l'eau et la température de l'eau. Photos : Suunto

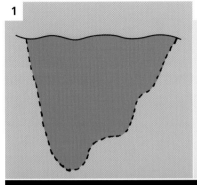
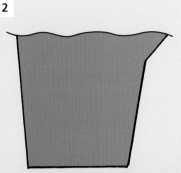
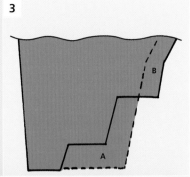

1. Profil de plongée courant.

2. Les tables de décompression traitent cette immersion à profondeur variable comme une « plongée au carré », c'est-à-dire comme si la totalité du temps passé au fond s'était écoulée à la profondeur maximale. Ce système réduit le temps d'immersion possible, ou bien impose un temps de décompression supérieur aux besoins réels.

3. Ce schéma montre comment un ordinateur de plongée moderne traite cette immersion. À chaque fois que vous remontez un peu, vous n'absorbez plus autant d'azote que lorsque vous étiez à la profondeur maximale. La partie A correspond à l'azote qui aurait été absorbée dans le cas d'une plongée au carré comme sur la figure 2 (ce qui ne s'est pas réellement produit), et la partie B représente le temps supplémentaire d'immersion encore disponible à faible profondeur, la quantité d'azote réellement absorbée à la profondeur maximale étant en fait plus réduite.

Toutefois, les ordinateurs de plongée ne sont pas infaillibles, puisqu'ils reposent sur des études effectuées sur des hommes jeunes et en bonne santé. Certains ordinateurs prévoient des corrections pour l'eau froide et les efforts supérieurs à la normale, mais jamais pour le surpoids, la mauvaise forme physique ou un âge supérieur à 50 ans. D'autres sont conçus pour ne plus fournir d'informations si vous dépassez le temps de plongée sans paliers : évitez-les, car ils deviennent inutilisables juste au moment où vous avez le plus besoin d'eux, en particulier si vous avez fait une erreur !

Optez plutôt pour les mobiles qui calculent la profondeur et la durée des paliers de décompression, ce qui est nécessaire lorsque l'on a dépassé le temps limite de plongée sans paliers.

Comme les pannes de pile sont fréquentes, emportez toujours avec vous soit deux ordinateurs de plongée, soit un seul ordinateur, mais aussi des tables de plongée, une montre et un profondimètre de secours. Dans les régions isolées, il est encore plus vital d'éviter les pannes ; sachez qu'un ordinateur peut se mettre en marche tout seul sous un climat humide, et que les piles se déchargent plus vite par forte chaleur. Il est donc conseillé de choisir un modèle sur lequel vous pourrez remplacer vous-même la pile, et d'emporter des piles de rechange.

La plupart des ordinateurs de plongée vous permettront de consulter les informations concernant vos dernières immersions, pour pouvoir compléter votre carnet de plongée. Certains peuvent même être raccordés à un micro-ordinateur. Ces renseignements seront par ailleurs précieux pour le médecin si vous êtes victime d'un accident de décompression.

Avec un ordinateur de plongée, un plongeur peut gérer son temps d'immersion sans paliers ou encore la durée de ses paliers de décompression au cours de sa plongée.

Secourisme et sécurité

Moyennant une formation adéquate, la plongée n'est pas un sport dangereux. Les plongeurs peuvent subir divers bouleversements physiologiques (voir p. 22), et nous abordons plutôt ici des incidents qui pourraient survenir n'importe où, mais qui s'avèrent plus délicats sous l'eau. Tout plongeur devrait compléter ses connaissances techniques par une formation de secourisme assurée par un organisme compétent.

CI-DESSUS : En cas de remontée d'urgence, les plongeurs qui portent une combinaison étanche doivent lever le bras sur lequel se trouve le bouton de purge pour faire sortir de l'air.
CI-CONTRE : L'exploration des épaves est l'un des plaisirs que procure la plongée, à condition de respecter certaines précautions.

Secourir un plongeur en difficulté

Il est souvent plus facile de s'occuper d'un plongeur inanimé car il ne se montrera pas agressif. Un plongeur conscient, en proie à la panique, peut en revanche mettre les jours de son sauveteur (et donc aussi les siens) en danger. Dans ce cas, commencez par assister le plongeur à distance jusqu'à ce qu'il se calme ou qu'il soit suffisamment affaibli pour ne plus gêner les secours.

Le sauveteur doit faire face à l'accidenté de façon à pouvoir facilement actionner le système gonflage-purge de sa propre « stab » et de celle de la victime (et celui de leurs combinaisons étanches s'ils en portent) et accéder à leurs deux ceintures de lest.

Saisissez fermement la victime. Veillez à maintenir la flottabilité de son gilet stabilisateur (et celle de sa combinaison étanche s'il en porte une) supérieure à la vôtre, de sorte que si vous le lâchez, l'accidenté remonte tout de même à la surface. Pour gonfler le gilet stabilisateur de l'accidenté, utilisez de préférence le direct system.

Faites attention à ne pas remonter plus vite que les plus petites bulles. Si votre vitesse de remontée devient trop

Surveiller son coéquipier

En gardant toujours un œil sur votre équipier lors de la plongée, vous détecterez rapidement un éventuel problème.

Voici quelques signes à ne pas négliger :

- il panique en nageant à contre-courant ;
- il est nerveux ;
- il respire vite ;
- il vous fait signe qu'il a du mal à respirer ;
- il fait des mouvements erratiques, non coordonnés ;
- il ne répond pas à vos signaux ;
- il a le regard fixe ;
- il bat vigoureusement des pieds ;
- il ne bouge plus.

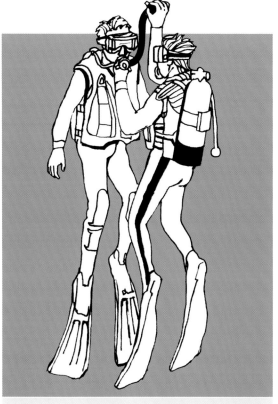

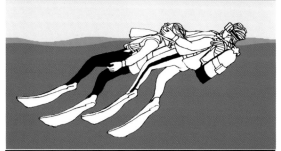

En haut : Purge du gilet stabilisateur de la victime par le flexible destiné au gonflage par la bouche.
Au milieu : Si la victime est consciente, vous pouvez la remorquer en la tirant par un élément de son équipement (en haut), tandis que si elle est inanimée, il faut lui maintenir la nuque en extension. Vous aurez alors besoin de vos deux mains (en bas).

rapide, laissez s'échapper un peu d'air de votre stab et de celle de la victime. Si vous portez tous les deux des combinaisons étanches avec purge au poignet, levez les bras concernés. Cependant, vous tenez peut-être le bras gauche de la victime avec votre bras droit, ou vice versa, et vous n'avez pas forcément un bouton de purge sur ces bras-là. Comme vous ne pouvez pas lever les quatre bras sans lâcher l'accidenté, la marche à suivre consiste à lever celui de vos bras qui porte la purge, et de purger la combinaison étanche de la victime en glissant tout simplement un doigt sous le poignet de l'accidenté que vous tenez en l'air.

Vous pouvez certes laisser s'échapper de l'air de vos gilets stabilisateurs respectifs en actionnant les purges, mais il sera peut-être plus facile de purger la stab de la victime en soulevant le gros flexible annelé destiné au gonflage par la bouche et en appuyant sur son bouton de purge. Il se peut aussi que l'accidenté n'ait plus assez d'air dans son gilet ou sa combinaison étanche pour parvenir à une flottabilité positive. Dans ce cas, essayez de le soulever en gonflant votre propre stab. Si cette tentative échoue, larguez la ceinture de lest de la victime et recommencez.

En remontant, n'oubliez pas de souffler vous-même et d'appuyer sur l'estomac de la victime pour tenter de la faire expirer. Une fois à la surface, gonflez le gilet stabilisateur de l'accidenté de façon à lui assurer une flottabilité positive tout en vous permettant de lui faire le bouche-à-bouche (voir p. 78) si besoin est. Ne gonflez pas sa combinaison étanche s'il en porte une.

Pour remorquer la victime, mettez-vous tous les deux sur le dos. Si l'accidenté est conscient, remorquez-le par derrière en le tenant par la bretelle de son gilet stabilisateur par exemple. S'il est inanimé, dégagez-lui les voies respiratoires et remorquez-le en le tenant par le menton de façon à renverser sa tête en arrière. Si la mer est agitée, placez votre deuxième main sous sa nuque.

Si vous devez remorquer l'accidenté sur une longue distance, larguez son lest et sa bouteille, mais gardez votre propre ceinture de plombs car elle maintient vos jambes en position basse, ce qui rend le palmage plus efficace.

Pour maîtriser toutes ces techniques de secours, une formation pratique avec un moniteur est indispensable.

Les principes fondamentaux des premiers secours sont les suivants :
■ maintenir la victime en vie ;
■ faire en sorte que la situation ne s'aggrave pas ;
■ favoriser le retour à la normale.
En cas d'accident, il convient de faire le minimum nécessaire pour atteindre ce triple objectif tout en transportant la victime jusqu'à un service médical plus compétent.

La première chose à faire est d'assurer la sécurité de la victime et du sauveteur en les éloignant du danger, en veillant à ne pas aggraver la situation de l'accidenté (par exemple, si la victime ne respire pas, peut-être faut-il commencer par lui faire le bouche-à-bouche dans l'eau).
Faites ensuite un premier bilan :

Les voies respiratoires

Le cou est-il blessé ? Le nez ou la bouche sont-ils obstrués ? Une respiration bruyante peut être le signe d'une occlusion des voies respiratoires.

La respiration

Regardez si la poitrine se soulève et s'abaisse. Écoutez l'air qui passe par le nez ou la bouche. Si vous n'entendez rien, mettez la main ou la joue devant le visage de la victime pour sentir un éventuel souffle d'air.

La circulation

Prenez le pouls au niveau de la carotide.

La conscience

La victime réagit-elle de l'une des façons suivantes :
Est-elle éveillée, consciente, capable de parler ?
Réagit-elle à la parole, répond-elle à un ordre simple comme « réveille-toi ! » ?
Réagit-elle si on lui donne une tape, si on la pince ou si on la pique avec une épingle ?
Ne réagit-elle pas du tout ?

La température du corps

La victime a-t-elle trop froid ou trop chaud ? Couvrez-la avec une couverture ou des vêtements chauds, ou au contraire mettez-la à l'ombre. Retirez tous les vêtements qui empêcheraient d'apporter les soins nécessaires, mais préservez à tout moment la dignité de l'accidenté.

Si vous pensez que la victime est dans un état grave, appelez les secours. Si vous envoyez quelqu'un chercher les secours, demandez-lui de revenir pour vous confirmer leur arrivée prochaine.

La position latérale de sécurité (P.L.S.)

Si la victime respire mais qu'elle est inanimée, installez-la en position latérale de sécurité pour que ses voies respiratoires restent bien dégagées et qu'elle ne s'étouffe pas en vomissant. Ne laissez jamais l'accidenté seul et ne le quittez pas des yeux afin de surveiller toute modification de son état.

Lorsque la victime est en position latérale de sécurité, elle a les voies respiratoires dégagées, elle ne peut pas rouler sur le dos et ne risque pas de s'étouffer en vomissant.

Le bouche-à-bouche

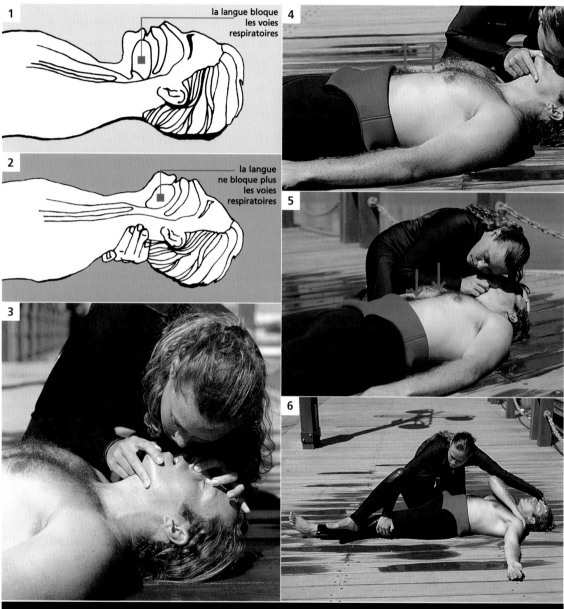

1 la langue bloque les voies respiratoires

2 la langue ne bloque plus les voies respiratoires

N'hésitez pas à apprendre à faire le bouche-à-bouche, une série de gestes simples qui peuvent sauver la vie.

1. Lorsque la victime est allongée sur le dos, sa langue risque d'obstruer ses voies respiratoires.

2. Dégagez les voies respiratoires en soulevant la nuque de la victime.

3. Basculez la tête de la victime en arrière et vérifiez que rien n'obstrue la bouche ni les voies respiratoires. Pincez le nez de la victime, plaquez votre bouche sur la sienne et soufflez. Vous pouvez également poser votre main sur la bouche de la victime pour la fermer, poser votre bouche sur le nez de la victime et souffler ; on parle alors de « bouche-à-nez ».

4-5. La poitrine de la victime se soulève lorsque vous insufflez de l'air à l'intérieur. Lorsque vous reprenez votre souffle, vérifiez que la poitrine de la victime s'abaisse.

6. Pour installer la victime en position latérale de sécurité (voir page précédente), repliez son bras et sa jambe les plus proches de vous, soulevez-lui la tête et faites-la rouler sur le côté de façon qu'elle vous tourne le dos.

Pratiquer le bouche-à-bouche dans l'eau

Si vous êtes encore loin de votre lieu d'immersion, peut-être allez-vous devoir pratiquer le bouche-à-bouche en surface, alors que vous êtes encore dans l'eau. Pour ce faire, gonflez partiellement le gilet stabilisateur de la victime et retirez-lui son masque. Saisissez la pointe de son menton d'une main et appuyez votre coude sur son épaule comme le montre le schéma ci-dessous. Étirez-lui ensuite la nuque pour dégager les voies respiratoires. Il est important de prendre appui sur la pointe du menton et non sur la gorge ou la trachée artère de la victime.

Dans l'eau, le bouche-à-nez est souvent plus efficace que le bouche-à-bouche. Placez votre main libre sous l'épaule la plus éloignée de la victime et poussez vers le haut de façon à faire rouler son corps vers vous. Il vous sera ainsi plus facile d'atteindre son nez avec votre bouche. Au moment où la victime bascule vers vous, repliez le bras qui passe sous sa nuque contre votre poitrine pour accompagner le mouvement. Maintenez la bouche de la victime fermée, plaquez la vôtre sur son nez et expirez afin de gonfler ses poumons. Ce faisant, laissez la victime basculer vers l'arrière et revenir sur le dos en position normale de flottaison. Essayez d'insuffler de l'air dans les poumons de la victime quatre fois de suite avant de faire une pause.

Le massage cardiaque externe

Inutile de continuer le bouche-à-bouche ou le bouche-à-nez si le cœur de la victime ne bat plus. Pour savoir si le cœur bat encore, prenez le pouls de la victime au niveau de la carotide.

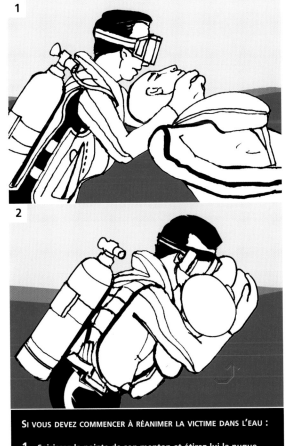

1

2

SI VOUS DEVEZ COMMENCER À RÉANIMER LA VICTIME DANS L'EAU :

1. Saisissez la pointe de son menton et étirez-lui la nuque en prenant appui du coude sur son épaule.

2. Passez le bras sous le corps de la victime et faites-la rouler vers vous de façon à pouvoir atteindre son nez et sa bouche.

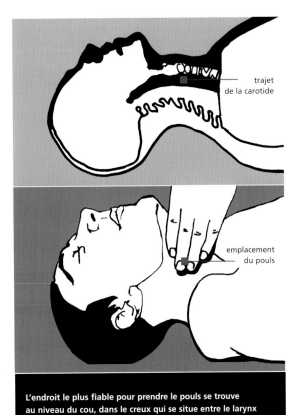

trajet de la carotide

emplacement du pouls

L'endroit le plus fiable pour prendre le pouls se trouve au niveau du cou, dans le creux qui se situe entre le larynx et les muscles adjacents.

Si le pouls n'est pas perceptible, il faut pratiquer un massage cardiaque externe. Il s'agit de comprimer le cœur de la victime entre le sternum et la colonne vertébrale, ce qui force le sang à circuler. Lorsque l'on relâche la pression, le cœur se gonfle à nouveau de sang qui en sera expulsé à la prochaine compression.

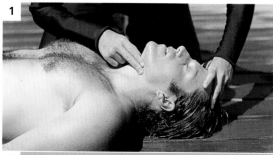

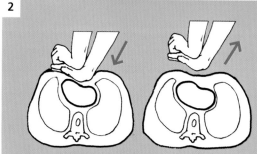

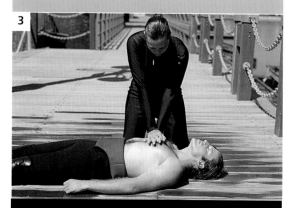

1. Avant de commencer un massage cardiaque externe, prenez le pouls de la victime au niveau de la carotide.

2-3. Posez le talon de la main gauche à deux largeurs de doigt de l'endroit où l'extrémité inférieure du sternum rejoint les côtes, puis posez la main droite sur la main gauche. Tendez les bras et exercez une série de pressions verticales à un rythme soutenu de façon à comprimer le sternum de 5 cm à chaque fois. Comptez de la façon suivante « un et deux et trois, etc. » pour avoir le bon rythme.

Pour pratiquer le massage cardiaque externe, allongez la victime sur le dos sur un plan dur et agenouillez-vous à ses côtés. Posez le talon de la main gauche deux largeurs de doigt au-dessus de l'endroit où les côtes rejoignent l'extrémité inférieure du sternum, puis posez le talon de la main droite sur la main gauche. Exercez une série de pressions verticales, les bras tendus, de façon à enfoncer le sternum de 5 centimètres à chaque fois, le tout à un rythme assez soutenu (quatre-vingts compressions par minute). Pour vous aider, comptez de la façon suivante : « un et deux et trois et quatre », etc.

Effectuez quinze compressions à ce rythme, puis deux insufflations par bouche-à-bouche et prenez le pouls de la victime. Renouvelez ensuite cette série de quinze compressions suivies de deux insufflations, puis vérifiez le pouls à nouveau. Si l'activité cardiaque redémarre, cessez immédiatement le massage externe.

N'oubliez pas qu'il ne faut JAMAIS faire un massage cardiaque externe après reprise de l'activité cardiaque, aussi faible soit-elle, car le rythme du cœur est facilement perturbé.

Le matériel de signalisation
Les avertisseurs sonores

Les avertisseurs sonores sont plus efficaces que les sifflets classiques. Ils fonctionnent avec de l'air comprimé à basse pression et sont branchés sur le direct system du gilet stabilisateur.

Tenez votre avertisseur loin de vous et des autres plongeurs lorsque vous l'actionnez car il émet un son

Les avertisseurs sonores sont très efficaces pour alerter l'équipage du bateau, surtout lorsque la houle gêne la visibilité.

très puissant qui risquerait de vous abîmer les tympans.

Les pavillons de plongée

Le pavillon officiel qui permet de signaler la présence de plongeurs tant professionnels qu'amateurs est le pavillon international « A », blanc et bleu. Utilisé seul, il indique la présence d'un groupe de plongeurs à proximité de l'embarcation en question, de sorte que les autres bateaux doivent se tenir à distance et avancer lentement. Il est interdit de hisser ce pavillon s'il n'y a aucun plongeur dans l'eau à ce moment-là.

Les plongeurs amateurs américains ont créé leur propre pavillon qui n'a aucune valeur sur le plan inter-

grosse mer, si la visibilité est mauvaise ou si vous plongez au large. Dans les lieux où l'on pratique beaucoup le scooter des mers, le ski nautique et la navigation de plaisance ou commerciale, les plongeurs ont parfois l'obligation de signaler leur présence par une bouée. Vérifiez donc la réglementation en vigueur dans la région où vous plongez. Vous pouvez en outre équiper votre bouée d'un flash pour les plongées de nuit ou par mauvaise visibilité.

Un seul membre d'un binôme ou d'une palanquée doit installer une bouée de signalisation car les drisses s'emmêlent facilement. Toutefois, chaque plongeur doit emporter avec lui un parachute de palier qu'il utilisera dans le cas où il se séparerait des autres membres

Le pavillon international « A » indique la présence de scaphandriers au mouillage.

Les plongeurs américains ont leur propre pavillon. Bien qu'il ne soit pas officiel, il est largement répandu dans les clubs de plongée.

national. Il flotte souvent à l'extérieur des écoles et clubs de plongée et sur les embarcations qui n'ont aucun plongeur à l'eau.

Les bouées de signalisation

Il s'agit d'une bouée bien visible, parfois surmontée du pavillon A, et reliée au plongeur par une corde fine très solide enroulée sur une bobine, ce qui permet de la dérouler à la descente et de l'enrouler à la remontée.

Cette bouée signalera au bateau l'emplacement des plongeurs à tout moment et fournira à l'équipage un moyen de communiquer avec les plongeurs (en secouant vivement la bouée). Les bouées de signalisation sont très pratiques en cas de courants forts, de

du groupe. Dégonflé et enroulé, il se glisse dans l'une des poches du gilet stabilisateur ; on y insuffle de l'air à quelques mètres de la surface pour qu'il se gonfle.

Le cauchemar de tout plongeur est de faire surface par forte houle très loin du mouillage du bateau. Outre les bouées de signalisation et les avertisseurs sonores, vous pouvez emporter des fusées immergeables ou des colorants qui teintent un volume d'eau suffisant pour être visible. Si vous plongez dans un pays où les recherches aériennes sont possibles, il existe des radios VHF étanches semblables à celles des plaisanciers. Dans ce cas, il est important de rester groupés. Le mieux est donc de s'attacher les uns aux autres avec une corde si le courant ou la houle sont forts.

Les différents types de plongée

'un des principaux attraits de la plongée réside dans sa diversité : petite balade en eau calme ou plongée en dérive dans un fort courant, eaux chaudes et limpides avec des récifs coralliens spectaculaires ou forêts de varech des eaux plus froides à la visibilité limitée.

Après avoir suivi la formation de base, plusieurs options s'offrent à vous pour améliorer vos compétences. De nombreux plongeurs suivent des cours complémentaires, axés sur la photographie subaquatique, la plongée en épave ou encore les techniques de sauvetage et d'assistance, et d'autres décident de devenir guides de palanquée ou moniteurs de plongée.

Si vous souhaitez simplement plonger pour votre plaisir, de nombreux stages spécialisés pourront vous aider à devenir un plongeur confirmé. Vous pouvez également suivre une formation qui vous permettra d'obtenir un diplôme d'enseignement et d'encadrement et donc de travailler dans le monde entier, voire de créer votre propre centre de plongée.

Eaux tropicales ou eaux tempérées

De nombreux plongeurs effectuent la plupart de leurs immersions en eaux tempérées, c'est-à-dire plutôt froides, où la faune se révèle certes souvent moins colorée, mais tout aussi intéressante que dans la plupart des eaux tropicales. La visibilité et les conditions en surface ne sont pas toujours idéales. Il est donc indispensable d'avoir une combinaison en bon état, mais aussi d'être en forme et bien entraîné. Dans les eaux tempérées, ce sont généralement les épaves qui attirent le plus les plongeurs.

En revanche, vous serez sans doute plus détendu si vous plongez dans les eaux chaudes des régions tropicales. Le principal danger que représente ce type de plongée, c'est que vous risquez de plonger sans vous en rendre compte plus profond que d'habitude. La plupart des destinations connues se trouvent dans des zones où courants et marées sont faibles et où la mer est généralement calme.

Même en eaux chaudes, il est conseillé de porter une combinaison fine en Lycra qui vous protégera des piqûres des animaux marins. Mais ce sont surtout les coups de soleil et les piqûres d'insectes, à la surface, qui risquent de gâcher vos vacances !

CI-DESSUS : Les épaves de bateau sont des sites très prisés.

CI-DESSUS : On rencontre souvent des éponges colorées dans les eaux tropicales.
CI-CONTRE : La plongée peut aussi se pratiquer en lacs et rivières.

Les excursions d'une journée

LES BATEAUX PRÉVUS pour des excursions d'une journée sont spacieux, équipés de casiers spéciaux pour ranger les blocs-bouteilles, que vous pourrez laisser jusqu'à ce que vous soyez à 15 minutes du point d'immersion.

Pour la mise à l'eau, procédez comme au départ d'un ponton, et effectuez soit une bascule avant, soit un grand pas en avant (voir p. 65).

En cas de courants forts, prévoyez une ligne de vie à laquelle les plongeurs qui sont déjà dans l'eau peuvent s'accrocher en attendant leurs coéquipiers.

Pour sortir de l'eau, remontez par l'échelle. Si la mer est calme, retirez vos palmes et faites-les passer à quelqu'un qui se trouve à bord avant de monter. Si la mer est agitée, gardez vos palmes aux pieds car une vague peut vous faire retomber à l'eau ; il est alors impossible de nager correctement sans palmes lorsque l'on porte un gilet stabilisateur et une bouteille de plongée. Comme il est difficile de monter à l'échelle d'un bateau

EN HAUT : Préparation d'une plongée à Bonaire, dans les Antilles néerlandaises. Les plongeurs s'inscrivent puis glissent leurs blocs-bouteilles dans les casiers prévus à cet effet.
EN BAS : Bateaux au mouillage au-dessus de l'épave de la *Jolanda* à Shark Reef dans la mer Rouge.

qui tangue avec des palmes et un scaphandre, entraînez-vous par temps calme. Certains bateaux sont équipés d'échelles à montant unique, qui sont beaucoup plus faciles d'accès, lorsque l'on porte des palmes, que les échelles classiques.

Si le bateau n'est ni au mouillage ni à l'ancre, les plongeurs auront peu de chance de l'atteindre si le vent et les courants l'éloignent d'eux. Dans ce cas, le pilote doit conduire le bateau dans le vent par rapport aux plongeurs, puis couper les gaz et laisser dériver l'embarcation jusqu'à eux.

EN HAUT À GAUCHE : Il est plus facile de grimper sur une échelle à montant unique central lorsque l'on porte des palmes.
EN HAUT À DROITE : À Elphinstone Reef dans la mer Rouge, plongeur sur le point de sauter à l'eau en tenant son masque et son embout.
EN BAS : Début de plongée à Taveuni dans les îles Fidji. Les excursions d'une journée permettent aux plongeurs d'explorer plusieurs sites à partir d'un camp de base.

LES STAGES DE PLONGÉE qui se déroulent à bord d'un bateau présentent plusieurs avantages par rapport aux excursions d'une journée ou aux séjours à terre. Les plongeurs transportent moins le matériel et ne doivent pas parcourir de longues distances à la nage sur des récifs peu profonds. En outre, ils peuvent atteindre des récifs et des épaves reculés. Ils sont enfin soumis à moins de restrictions pour les plongées de nuit, et peuvent souvent enchaîner trois immersions dans la journée, voire plus, au lieu d'être obligés de rentrer à terre après une ou deux plongées.

Ce genre de stages peut paraître onéreux, mais n'oubliez pas que vous plongez davantage et que les repas sont également compris.

Pour la mise à l'eau, deux cas de figure : soit vous êtes suffisamment proche du site de plongée pour vous jeter à l'eau comme depuis un ponton, soit, ce qui est plus probable, vous devrez vous rapprocher du site avec un canot.

La plupart des plongeurs n'aiment pas être très nombreux dans l'eau en même temps. Pour y remédier, les gros bateaux peuvent avoir deux canots desservant simultanément deux sites différents, ou bien effectuer des rotations, la moitié de leurs clients se reposant pendant que les autres plongent.

Bien que dans le cadre d'un séjour à bord d'un bateau, on puisse faire de nombreuses plongées dans une même journée, les plongeurs doivent néanmoins tenir compte des marées et des courants et des autres immersions déjà effectuées ou prévues ce jour-là (voir *Les marées et les courants* p. 62 et *Les plongées successives,* p. 70).

Dans les régions où l'amplitude des marées est importante, le courant est parfois trop fort pour que l'on puisse plonger en tout confort et en sécurité. À marée descendante, la visibilité est mauvaise ; il est alors préférable d'effectuer peu

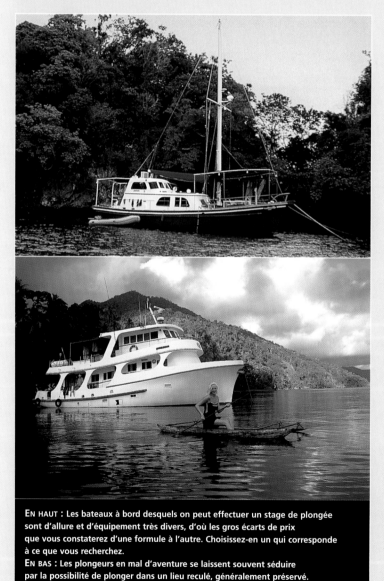

EN HAUT : Les bateaux à bord desquels on peut effectuer un stage de plongée sont d'allure et d'équipement très divers, d'où les gros écarts de prix que vous constaterez d'une formule à l'autre. Choisissez-en un qui corresponde à ce que vous recherchez.
EN BAS : Les plongeurs en mal d'aventure se laissent souvent séduire par la possibilité de plonger dans un lieu reculé, généralement préservé.

de plongées, mais de bien choisir son moment à l'aide des tables de marées, afin qu'elles soient intéressantes, plutôt que faire de nombreuses sorties en étant sûr que certaines seront médiocres.

Une mise à l'eau silencieuse

Il est indispensable de se mettre à l'eau sans bruit si l'on veut s'approcher de la faune sous-marine sans l'effrayer.

D'un gros bateau, il vous suffit de descendre par l'échelle, mais si vous êtes à bord d'une petite embarcation, mettez-vous sur le ventre et laissez-vous glisser doucement dans l'eau le long du flanc du bateau, en veillant à ne pas faire d'éclaboussures.

EN HAUT : Plongeurs préparant leur matériel avant une immersion dans la mer Rouge.
EN BAS : Les gros bateaux à bord desquels sont organisés des stages de plongée sont généralement équipés d'un canot qui emmène les plongeurs jusqu'au site d'immersion. Les plongeurs descendent dans le canot, s'assoient puis enfilent leurs palmes.

La plongée dérivante

Ce type de plongée peut consister à dériver tranquillement le long d'une paroi en se laissant porter par un léger courant, mais parfois aussi à glisser à toute allure le long des parois et couloirs rocheux, avec la possibilité d'apercevoir de grosses espèces de pleine eau.

La plongée dérivante nécessite une assistance fiable à bord du bateau et entraîne le risque de se séparer de son coéquipier ou du reste de la palanquée. Si vous n'utilisez pas de bouée de signalisation de surface, emportez avec vous un parachute de palier orange de façon que l'équipage du bateau puisse vous repérer. Rappelez-vous également que les avertisseurs sonores à air comprimé sont un moyen de signalisation plus efficace que les sifflets classiques (voir p. 80). Les membres du binôme (ou de la palanquée) doivent se mettre à

l'eau en même temps puis essayer de rester groupés sous l'eau.

En surface, si vous vous éloignez du bateau, attachez-vous à votre équipier par une corde, gonflez votre gilet stabilisateur et gardez de l'air au cas où vous seriez obligé de faire une remontée difficile. Conservez si possible votre ceinture de lest, à moins que vous ayez des problèmes de flottabilité.

Si vous voulez nager jusqu'au rivage mais que vous portez un gilet stabilisateur classique, il est moins fatiguant de palmer sur le dos. Détachez la corde qui vous relie à votre coéquipier avant de nager dans les vagues.

La plongée de nuit

La nuit, la mer devient un autre monde. C'est à l'aube et au crépuscule que les prédateurs sont le plus actifs.

Peut-être serez-vous un peu angoissé pour votre première plongée de nuit, car votre visibilité est réduite à l'étroit faisceau lumineux de votre lampe immergeable,

Lors d'une plongée dérivante, l'un des plongeurs traîne une bouée de signalisation de surface pour permettre à l'équipage du bateau de suivre la progression du groupe.

tandis que les ombres se déplacent et vous enveloppent et que les bruits sont amplifiés. Ne vous inquiétez pas, vous allez bientôt vous détendre. Si de nombreux poissons restent tapis dans les crevasses ou sous le sable, certains préfèrent se nourrir la nuit, ainsi que de nombreux invertébrés.

Le spectacle que vous réserve une plongée de nuit dépend de l'heure de votre immersion. Le crépuscule, pendant lequel il fait encore assez jour en surface, est par exemple parfait pour observer les prédateurs à l'œuvre.

Lorsque vous programmez une plongée de nuit, choisissez un endroit où la mer est calme et les courants faibles, avec de bons points de repère pour la navigation. Repérez les lieux en plongeant une première fois de

jour. Lorsque vous effectuez enfin votre plongée de nuit, marquez l'endroit où vous êtes censé ressortir de l'eau avec une lumière. Commencez la plongée en nageant à contre-courant, puis revenez dans le sens du courant.

Évitez les lampes trop puissantes et emportez-en toujours deux car les modèles immergeables sont réputés peu fiables (prenez une lampe de secours avec des piles alcalines, car les accumulateurs Cd-Ni, lorsqu'ils se vident, peuvent lâcher sans préavis).

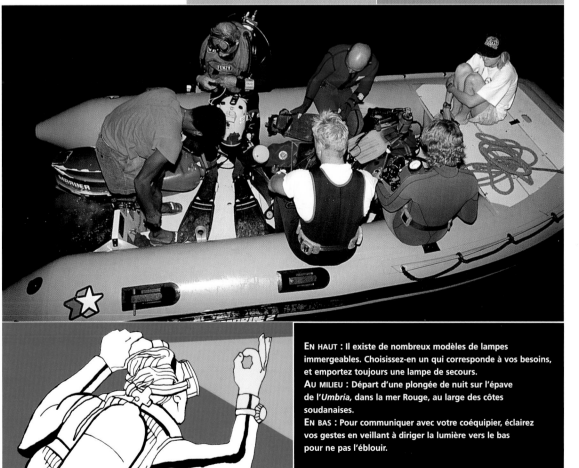

EN HAUT : Il existe de nombreux modèles de lampes immergeables. Choisissez-en un qui corresponde à vos besoins, et emportez toujours une lampe de secours.
AU MILIEU : Départ d'une plongée de nuit sur l'épave de l'*Umbria*, dans la mer Rouge, au large des côtes soudanaises.
EN BAS : Pour communiquer avec votre coéquipier, éclairez vos gestes en veillant à diriger la lumière vers le bas pour ne pas l'éblouir.

L'exploration d'épaves

L'exploration d'épaves ne s'improvise pas. En effet, une épave peut se briser de façon inattendue, et un filet ou une ligne de pêche risquent de s'y accrocher.

Choisissez une eau calme, emportez une bonne lampe et une lampe de secours, de bons ciseaux capables de

remonter détacheront. Assurez-vous que tout votre matériel est bien plaqué contre vous et que rien ne risque de s'accrocher quelque part. Avant d'entrer dans une épave, attachez un fil d'Ariane et laissez-le filer au fur et à mesure que vous avancez. Vous retrouverez ainsi plus facilement la sortie. Conservez beaucoup d'air pour

Les plongeurs qui explorent les épaves doivent toujours emporter un bon couteau, une lampe de secours et une paire de ciseaux. Il peut être dangereux de pénétrer dans une épave, aussi abstenez-vous si vous êtes débutant.

couper filets et lignes de pêche et enfin un poignard bien tranchant. La plupart des plongeurs portent leur poignard dans un fourreau accroché à leur mollet, mais il risque de s'accrocher au traînard ou de se prendre dans une ligne de pêche ou un filet. C'est pourquoi il est prudent d'emporter un deuxième couteau plus petit, que l'on porte sur le bras ou que l'on glisse dans une poche de la stab pour qu'il soit aisément accessible.

Les deux premiers plongeurs qui atteignent l'épave doivent y accrocher une corde que les deux derniers à

le retour, et bloquez toutes les ouvertures que vous franchissez en position ouverte de façon qu'un courant ne les referme pas derrière vous.

Enfin, certaines épaves ont été enfouies spécialement pour le plaisir des plongeurs. Elles doivent avoir été nettoyées, et toutes les ouvertures doivent avoir été retirées.

Certains sites de plongée en eau douce sont alimentés par des sources chaudes ou froides, d'où la grande variété des écosystèmes subaquatiques.

L'exploration de grottes submergées exige une préparation très sérieuse. Les débutants ne doivent jamais pénétrer dans une grotte sans être accompagnés d'un spécialiste.

La plongée en eau douce

L'eau douce porte moins et contient moins d'organismes susceptibles de provoquer une infection. Peu de sites de plongée en eau douce ont été cartographiés.

Certains sites sont à une altitude suffisante pour justifier l'emploi de tables de plongée spéciales et l'intégration de facteurs de correction aux profondeurs mesurées. Les fortes pluies réduisent souvent la visibilité à néant. Elles peuvent par ailleurs entraîner des inondations éclairs ou faire rapidement monter le niveau de l'eau. Enfin, lorsqu'un lac ou une rivière est alimenté par une source chaude, méfiez-vous, car certaines de ces sources sont vraiment très chaudes !

S'il est assez facile de plonger dans un lac peu profond, la plongée en rivière peut s'avérer délicate si le courant est fort. Avant de vous mettre à l'eau dans une rivière, réfléchissez à l'endroit où vous allez pouvoir sortir. L'une des façons de remonter le courant consiste à utiliser des crochets de façon à avoir une prise sur le fond du cours d'eau.

L'exploration des grottes

Les formations spécialisées dans la plongée spéléologique vous préparent à vous aventurer brièvement à l'intérieur d'une grotte. Vous apprendrez à planifier votre plongée, à porter votre bloc-bouteille sur le côté et à emporter tout votre matériel en triple exemplaire pour pallier les défaillances. Plus important encore, vous apprendrez à poser un fil d'Ariane et à y accrocher des signaux indiquant la direction à suivre, afin de pouvoir retrouver la sortie par une visibilité nulle. Si ce type d'immersion est à la portée de la plupart des plongeurs amateurs, les débutants ne doivent jamais pénétrer dans une grotte sans être accompagnés d'un plongeur spéléologue expérimenté.

En revanche, la véritable exploration de grottes submergées est réservée aux plongeurs spéléologues confirmés. Il s'agit parfois d'expéditions de plusieurs jours, comprenant de longues immersions nécessitant l'utilisation de mélanges gazeux et le respect de longs et nombreux paliers de décompression pour la remontée.

La plongée profonde

La définition d'une plongée profonde varie selon les structures de plongée. Certains qualifient de profondes les plongées qui descendent à plus de 30 mètres, alors que d'autres réservent ce terme aux plongées supérieures à 40, voire 50 mètres. Les écoles de plongée européennes considèrent généralement que les plongées comprises entre 30 et 50 mètres sont à la portée des plongeurs confirmés.

Pour la plongée profonde, des bouteilles de secours équipées d'un détendeur et d'un octopus doivent être accrochées à chaque palier de décompression.

Toute plongée profonde doit être soigneusement planifiée. Des bouteilles de secours équipées d'un détendeur doivent être accrochées à la hauteur de chaque palier de décompression, tandis qu'une équipe de secours doit se tenir prête à intervenir sur le bateau. Ces plongeurs ne doivent pas avoir effectué d'immersion ce jour-là afin de ne pas avoir d'azote résiduel dans leurs tissus.

On considère enfin qu'il est dangereux de plonger à plus de 50 mètres de profondeur avec de l'air comprimé. Les professionnels utilisent de ce fait des mélanges gazeux comme l'Héliox (dans lequel l'azote est entièrement remplacé par de l'hélium) ou le Trimix (dans lequel une partie de l'azote est remplacée par de l'hélium). La proportion exacte de chacun des gaz qui composent le mélange varie selon les paramètres du profil de la plongée planifiée, afin de réduire les risques de narcose à l'azote, de toxicité de l'oxygène et d'accident de décompression. Certains plongeurs amateurs chevronnés s'inspirent de l'expérience des professionnels pour plonger à plus de 50 mètres de profondeur, mais ce type d'immersion exige beaucoup de sérieux et nécessite des calculs complexes sur la composition des mélanges gazeux et la programmation des paliers de décompression.

Le Nitrox

Le Nitrox représente une grande avancée pour les plongeurs amateurs.

Comme l'air, le Nitrox est composé d'oxygène et d'azote, mais dans des proportions différentes, le pourcentage d'azote ayant été réduit au profit de la teneur en oxygène. Ainsi, le Nitrox 32, ou EAN32, contient 32 % d'oxygène et 68 % d'azote (EAN est l'abréviation anglaise de Nitrox ; le nombre correspond à sa teneur en oxygène).

En diminuant la teneur en azote de leur air, les plongeurs prolongent leur temps d'immersion sans paliers de décompression. Par ailleurs, s'ils doivent effectuer des paliers de décompression, ceux-ci seront plus brefs (il faut alors utiliser des tables de plongée spécialement conçues pour le Nitrox).

Les plongeurs expérimentés peuvent également faire un autre usage du Nitrox : en respirant du Nitrox mais en consultant des tables de plongée ou un ordinateur prévus pour de l'air comprimé classique, ils bénéficient d'une plus grande marge de sécurité.

Par ailleurs, les plongeurs se sentent moins fatigués après une plongée au Nitrox et leur consommation gazeuse est souvent moindre.

Toutefois, le fait de respirer un air enrichi en oxygène augmente les risques de toxicité de l'oxygène en profondeur. La profondeur à laquelle vous pouvez plonger dépend du pourcentage d'oxygène que contient le mélange gazeux utilisé : plus la teneur du mélange en oxygène est élevée, moins vous pourrez plonger profond. Quoi qu'il en soit, il ne faut pas plonger à une profondeur où la pression partielle de l'oxygène dépasse 1,4 ata (absolue).

Les bouteilles contenant du Nitrox doivent être clairement identifiées et ne jamais être utilisées pour un autre gaz.

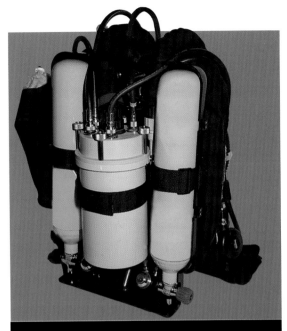

Les recycleurs ont été développés pour un usage militaire. Ils prolongent le temps d'immersion en recyclant l'air expiré.

Il peut arriver qu'un plongeur qui utilise du Nitrox soit contraint de plonger plus profond que la toxicité de l'oxygène du mélange ne l'y autorise. Dans ce cas, si le plongeur dispose d'une petite cartouche de sécurité gonflée à l'air normal et munie de son propre détendeur, il peut changer d'alimentation et se mettre à respirer l'air de cette cartouche le temps de sa brève incursion à grande profondeur. Une fois qu'il est revenu à une profondeur où la toxicité de l'oxygène ne pose plus de problème, il peut recommencer à respirer du Nitrox.

On peut aussi utiliser une petite bouteille de secours munie de son propre détendeur et contenant un Nitrox à plus forte teneur en oxygène, elle servira lors de paliers de décompression peu profonds, car dans ces cas-là, le Nitrox fortement oxygéné s'avère beaucoup plus efficace que l'air pour éliminer l'azote.

Les bouteilles contenant du Nitrox ne doivent jamais être utilisées pour un autre gaz et ne doivent contenir aucun lubrifiant qui risquerait de s'enflammer au contact de la forte teneur en oxygène.

Les recycleurs

En plongée, nous rejetons normalement dans l'eau l'air que nous expirons (et qui contient encore une certaine proportion d'oxygène) ; c'est ce que l'on appelle un système en circuit ouvert.

Les « recycleurs » fonctionnent en circuit fermé ou semi-fermé : on inspire un mélange contenant de l'oxygène, puis l'air expiré passe à travers un filtre soude-chaux qui élimine le dioxyde de carbone. Après ce nettoyage chimique, l'air est recyclé : c'est ce même air additionné d'un peu d'oxygène frais que l'on respire à nouveau.

Les recycleurs à circuit fermé ne rejettent aucun gaz jusqu'à la remontée, tandis que les systèmes à circuit semi-fermé recrachent une petite partie de chaque expiration. On bénéficie ainsi d'un temps d'immersion assez long avec une réserve d'air assez réduite. En revanche, il faut surveiller en permanence ses instruments pour s'assurer que tout se déroule normalement. Les systèmes à circuit fermé fonctionnent généralement avec du Nitrox, mais pour des plongées profondes, il est possible d'utiliser du Trimix, voire de l'Héliox.

Des eaux tropicales aux océans tempérés, la planète regorge de lieux magnifiques pour pratiquer la plongée subaquatique. Une fois que vous aurez suivi la formation adéquate, votre brevet de plongeur vous permettra de savourer les joies de ce sport merveilleux.

Propagation de la chaleur, de la lumière et du son dans l'eau

PROPAGATION DE LA CHALEUR DANS L'EAU

La conduction, c'est-à-dire la transmission de la chaleur par contact direct, est très mauvaise dans l'air. L'eau est plus dense que l'air et la conduction thermique y est vingt-cinq fois plus élevée. Ainsi, un homme nu sera peut-être parfaitement à l'aise dans l'air à 21 °C, mais à la même température dans l'eau, son corps perdra davantage de chaleur qu'il ne pourra en générer, et il aura froid.

La chaleur se transmet aussi par convection. L'eau en contact avec le corps du plongeur se réchauffe et sa densité diminue. Si cette eau n'est pas maintenue en place par une combinaison de plongée, elle va monter tandis que de l'eau plus froide (donc plus dense, plus lourde) vient la remplacer.

PROPAGATION DE LA LUMIÈRE DANS L'EAU

L'air, l'eau et le verre ayant des densités différentes, la vitesse de la propagation de la lumière n'est pas identique dans ces trois matières. En outre, s'il n'est pas perpendiculaire, un rayon lumineux sera réfracté à l'interface entre deux de ces matériaux. Cela a pour effet de fausser l'appréciation de la distance en rapprochant les objets d'un quart par rapport à leur distance réelle, et de les grossir d'un tiers par rapport à leur taille réelle. Si un objet se trouve à 4 mètres de vous, vous le verrez à 3 mètres seulement et un tiers plus gros qu'il ne l'est en réalité.

De tout le spectre électromagnétique, seule une étroite bande est perceptible par l'œil humain, qui perçoit les différences de longueur d'onde au sein de cette partie du spectre comme des couleurs.

Lorsque la lumière éclaire un objet, ce dernier absorbe une partie des longueurs d'onde de la lumière et en réfléchit d'autres. L'œil perçoit la couleur de l'objet à partir des longueurs d'onde visibles qui sont réfléchies. Si toutes les longueurs d'onde visibles sont réfléchies, l'œil voit l'objet blanc. En revanche, si la lumière incidente n'est pas réfléchie, l'œil voit l'objet noir.

Soumis à un rayonnement de courte longueur d'onde, certains corps émettent de la lumière visible : c'est ce que l'on appelle la fluorescence. On observe ce phénomène naturel chez une partie du plancton, des anémones et des coraux profonds.

Lorsque la lumière pénètre dans l'eau, les diverses longueurs d'onde qui la composent sont progressivement filtrées. Les premières longueurs d'onde éliminées par ce filtre sont le rouge du spectre visible, puis l'orange et le jaune, ensuite le vert et enfin le bleu. En profondeur, il n'y a pratiquement plus de lumière visible réfléchissant les objets rouges, orange et jaunes, de sorte que les plongeurs les voient tous gris-bleu ou noirs s'ils ne sont pas équipés d'une lampe immergable.

Lorsque l'eau est limpide, ce sont les longueurs d'onde que nous percevons bleues qui persistent le mieux en profondeur. Cependant, les matières en suspension dans l'eau, qu'elles soient organiques ou minérales, provoquent une certaine turbidité, qui filtre la lumière différemment, provoquant une ambiance verte ou jaunâtre.

Par ailleurs, même la plus limpide des eaux diffuse, défléchit et polarise la lumière. Ce phénomène, que l'on appelle la diffusion, réduit les ombres et les contrastes.

PROPAGATION DU SON DANS L'EAU

La vitesse de propagation du son est nettement plus élevée dans l'eau que dans l'air. Ainsi, les sons basse fréquence, comme ceux que produisent le moteur ou l'hélice d'un bateau, sont souvent audibles bien avant que leur source soit en vue.

En revanche, l'ouïe du plongeur est réduite sous l'effet de l'eau sur ses tympans. Par ailleurs, la vitesse de propagation accrue du son trouble la réception stéréophonique des oreilles humaines. Sous l'eau, les sons sont transmis aux organes auditifs par la boîte crânienne alors que dans l'air, ils sont essentiellement conduits par les tympans. De ce fait, le temps qui s'écoule entre le moment où un son atteint une oreille et le moment où il parvient à la seconde est trop bref pour que les oreilles fassent la distinction. Le plongeur ne peut localiser l'origine du son, il a l'impression qu'il vient de tous les côtés à la fois.

Par ailleurs, les sons produits en surface sont peu audibles sous l'eau, et vice versa.

Index

Index, sites web, remerciements, crédits photographiques

Sites web
www.scubaland.fr : magasin de vente de matériel de plongée sous-marine, situé à Brest en Bretagne.
www.lemondebleu.com : matériel et techniques, clubs, voyages, livres, photos et vidéos. Tout sur la mer et la plongée.
www.plongeur.com : tout sur la plongée sous-marine : formation, législation, conseils techniques, bonnes adresses, sites de plongée, galerie de photos, etc.
www.sixieme-continent.com : la plus grande librairie francophone de vente directe dédiée au monde sous-marin.

Remerciements
L'éditeur tient à remercier les personnes et organismes suivants qui lui ont apporté une aide et une assistance précieuse :
Au Cap : Duncan Patterson, Butch Kriel et Chris Doyle de Orca Industries ; Eric Gobel et Nadine Peterson de Underwaterworld ; Simon Chater de Two Oceans Aquarium ; Ian Campbell, Mickael Denis et les étudiants de Sheer Blue Adventures ; Peter Labuschagne et les élèves de Table Bay driving ; les enseignants et les élèves de Dive Junction ; John Hattingh, Michelle Petersen, Richard Ducket et Jade Maxwell-Newton de Dive Action ; Mark Engledow de Scuba Shack ; Phil et Melanie Wright pour le prêt du recycleur et Messieurs Hunter et Hendriks de Sea Point Swimming Pool. Merci également à Gary Greenstone pour sa disponibilité et sa patience lors des nombreuses prises de vue en piscine.

Crédits photographiques
Toutes les photographies sont de **Danja Kohler/Oceanborne** (diver@gem.co.za) et **Glen Curtis de Struik Image Library/SIL,** à l'exception des photographes et agences ci-dessous :
Photographie de couverture : **Al Hornsby.**
Andy Belcher (www.legendphotography.co.nz) : 5, 6, 8, 9, 10, 23, 33, 41 g, 49, 63, 75, 82 bg, 83, 85 b, 90, 91d, 91 g.
Jack Jackson : 36 g, 46 hd, 69, 84 h, 84 b, 85 hg, 85 d, 87 h, 87 b, 89 m. **Anthony Johnson/SIL** : 37, 42, 43 h, 47 h, 72 b, 39, 40, 41, 64 h, 67. **Stefania Lamberti** : 26. **Peter Pinnock** : 71. **Geoff Spiby** : 38, 88. **SIL** : Struik Image Library, Le Cap (email : carmen@struik.co.za). **Garmin** : 68. **Suunto** : 72.